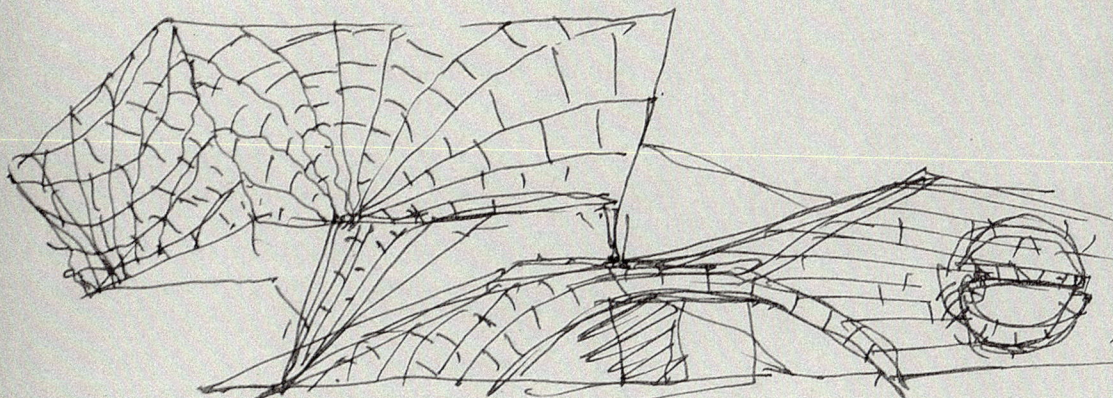

Maison de l'image, Toulouse, Haute-Garonne

Maison individuelle, Saint-Brès, Gard

En méditerrannée on tire la lumière par l'épaisseur
du mur.

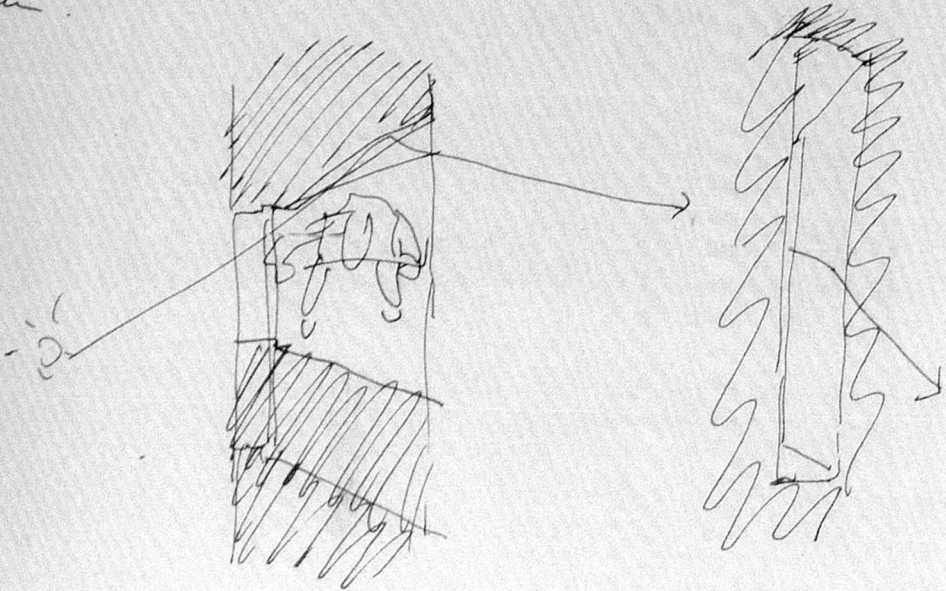

Courlis

On diminue le contraste de luminance.

CHW

15.

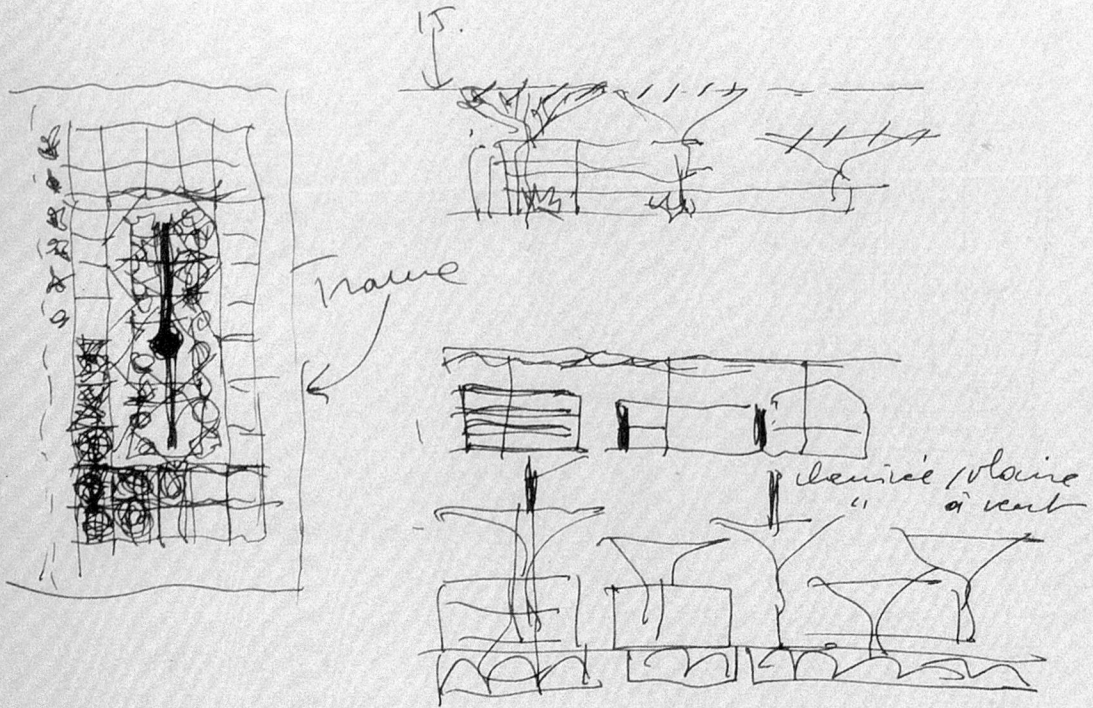

trame

densité solaire
" " " au vent

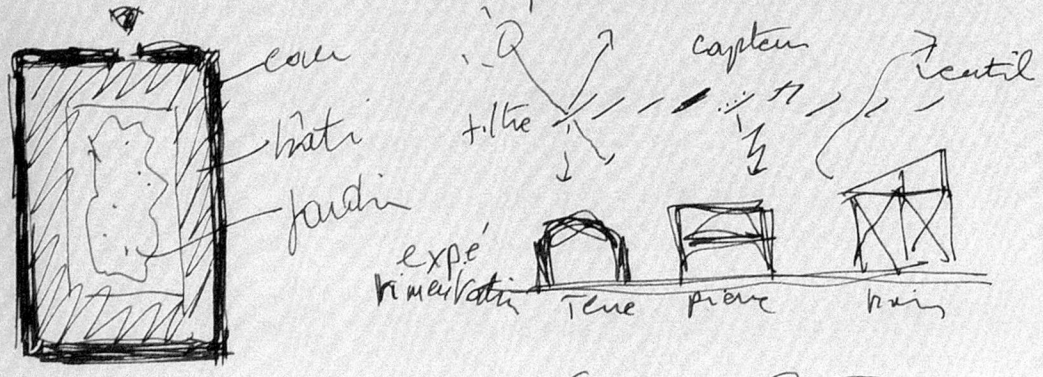

eau
bâti
jardin

filtre   capteur   lentil

expé
rimentation   Terre   pierre   bois

PLAN

COUPE
toiture filtre

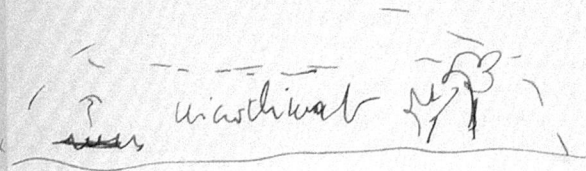
microclimat

Centre de formation aux métiers du développement durable, Chwiter, Maroc

Diversité du plan

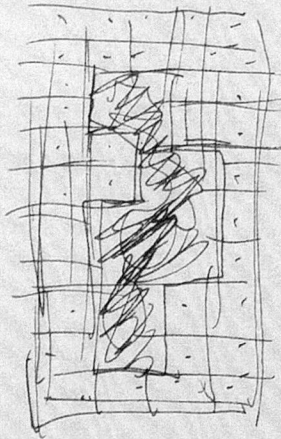

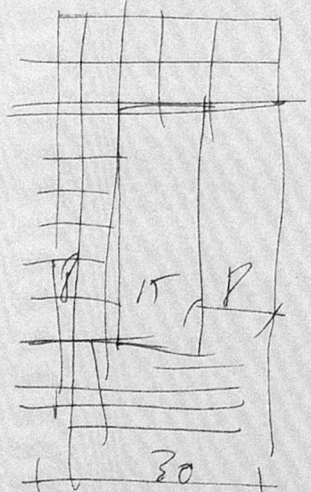

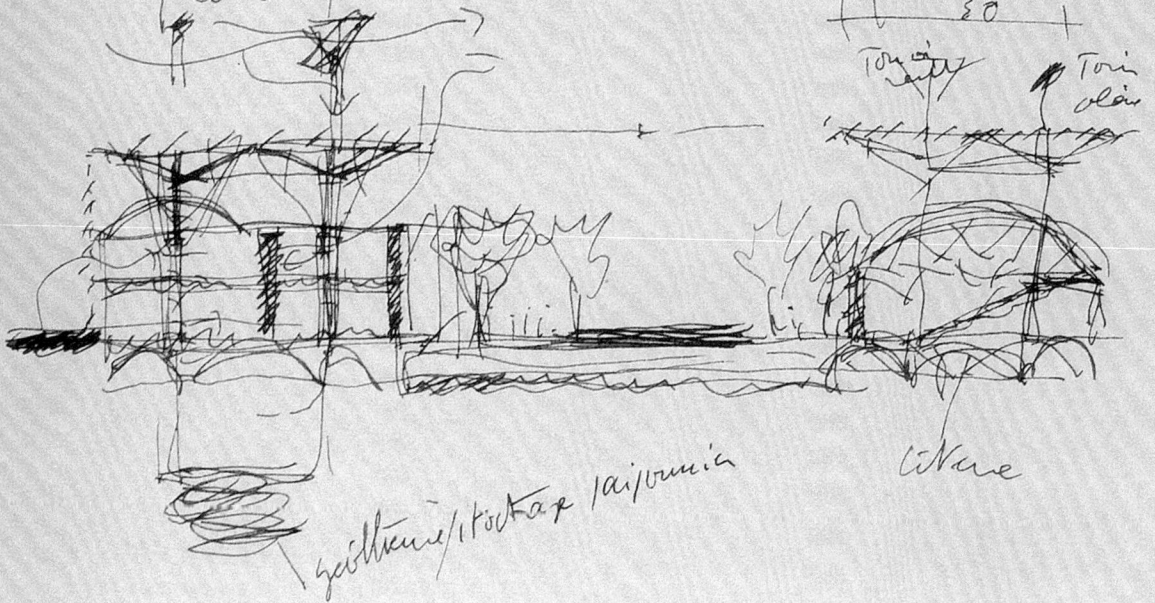

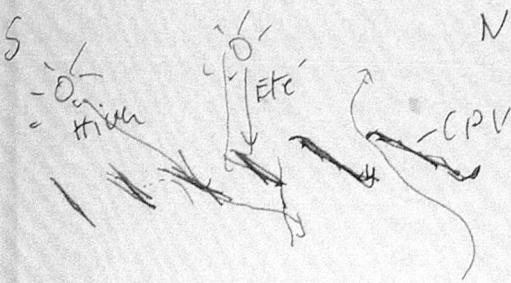

30

Toiture

Toiture claire

géothermie/stockage saisonnier

Citerne

S        N

Hiver        Eté        CPV

Voir projet IGNCA

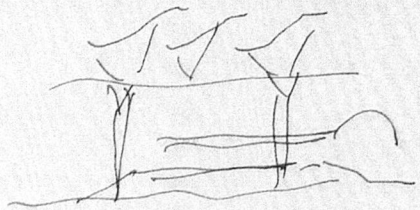

une oasis

micro climat

Soleil ← vent

diminution des épais t°
(+ pais l'été
+ chaud l'hiver)

fillr.

demande énergie + faible

parois "Technologique"

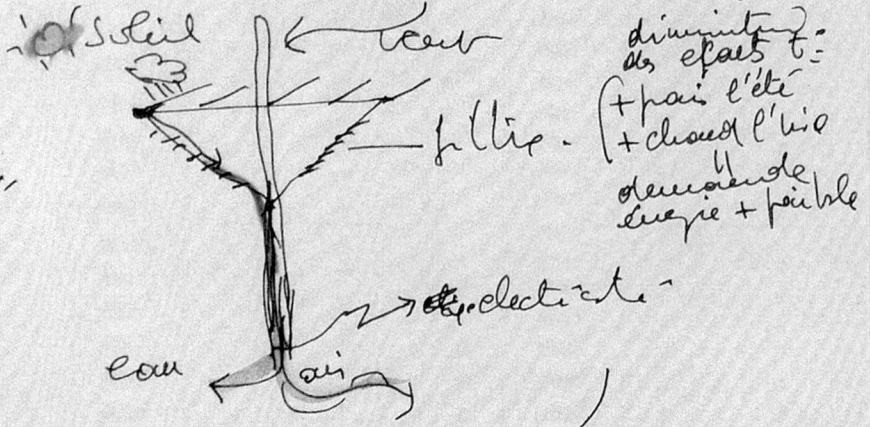

eau    air → électricité

Fonction :

vent

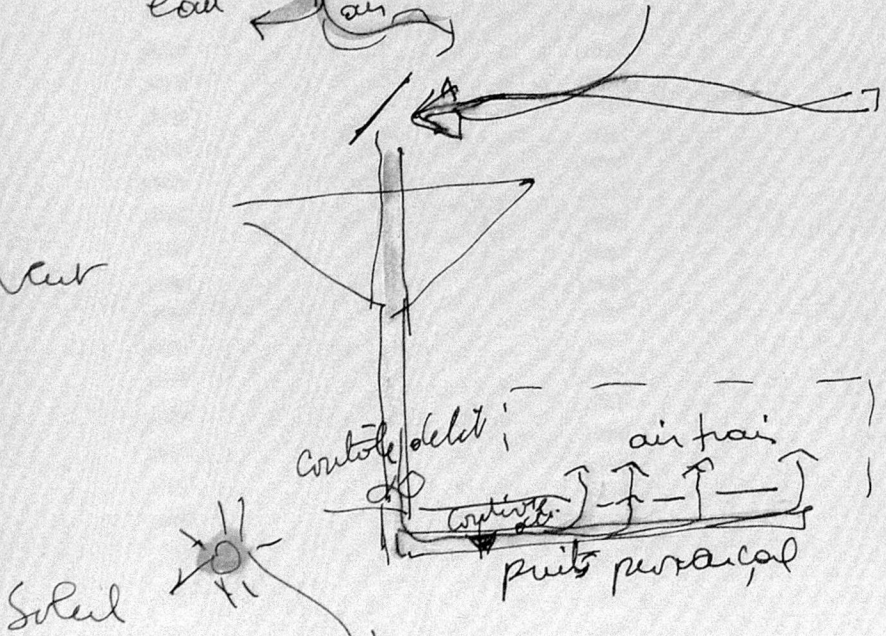

Contrôle débit :        air frais

contrôle

puits provençal

Soleil

les cellules P.V. apportent
électricité pour l'éclairage et les
99 ??? ??? (ventil, ??? )
du ??

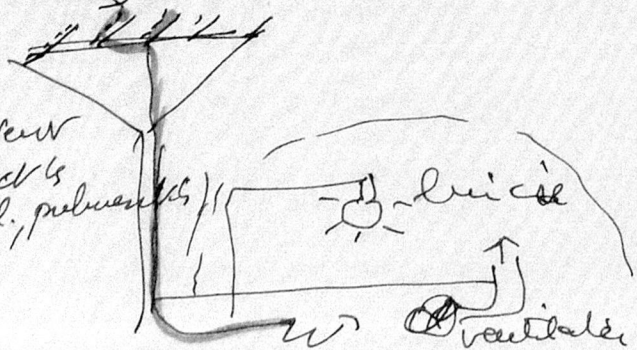

lumière

ventilée

Centre de formation aux métiers du développement durable, Chwiter, Maroc

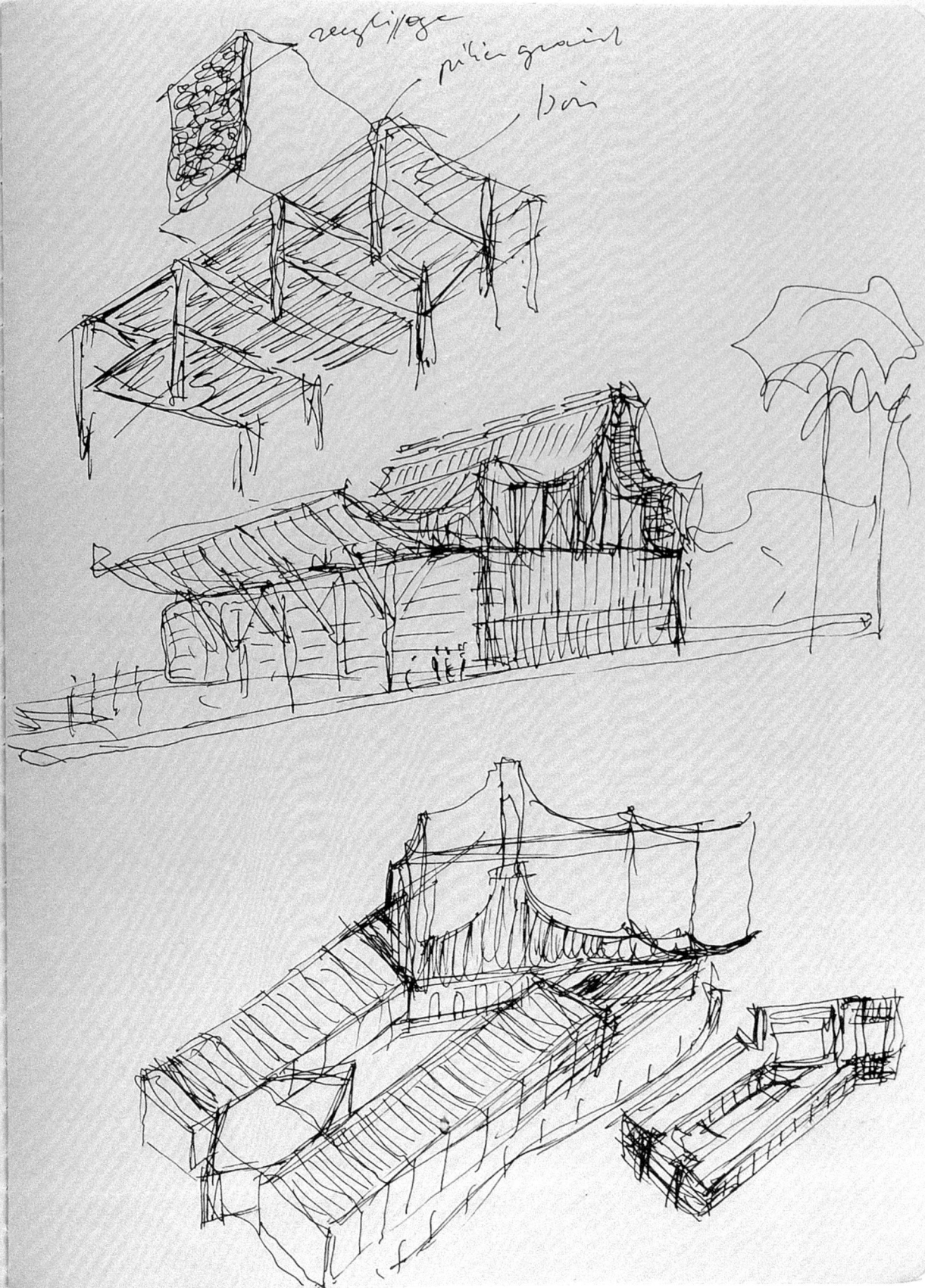

Centre culturel et de séminaire, Calvi, Haute-Corse

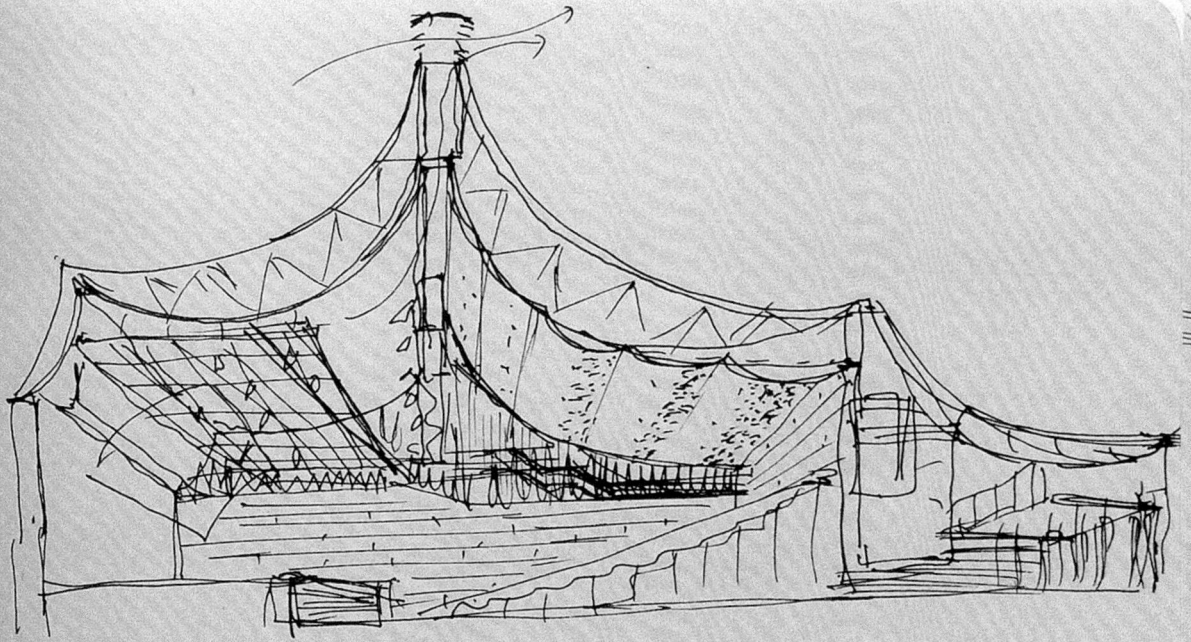

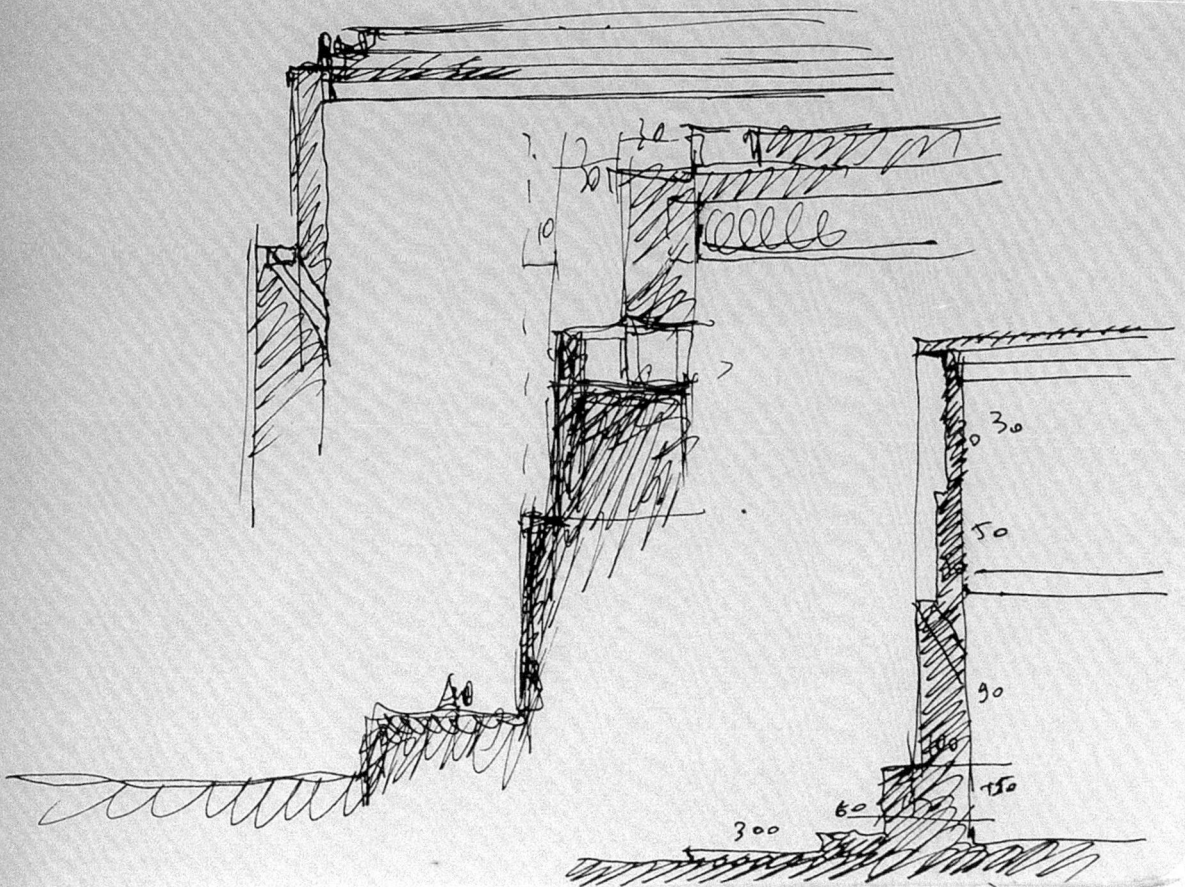

Centre culturel et de séminaire, Calvi, Haute-Corse

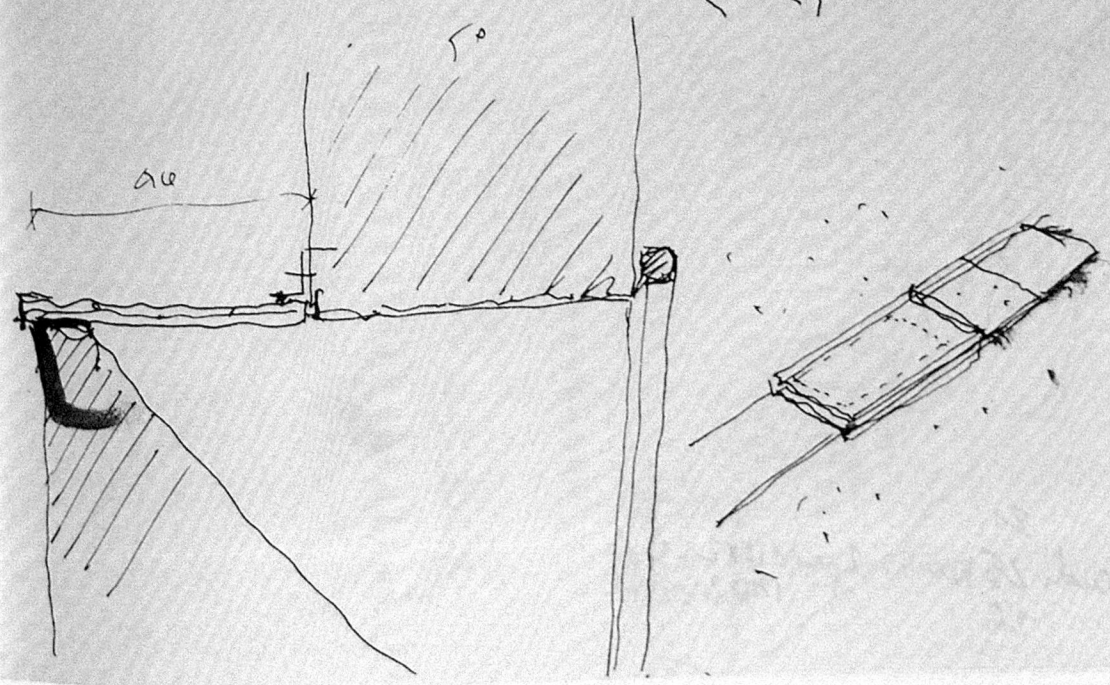

Centre culturel et de séminaire, Calvi, Haute-Corse

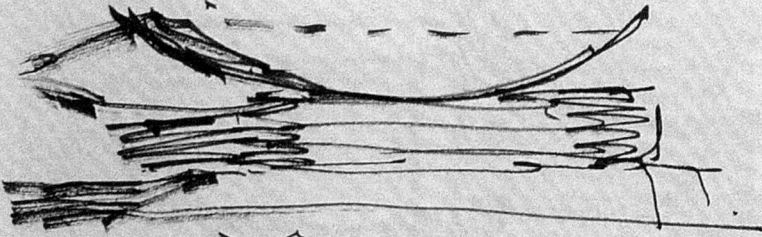

House of Arts, Beyrouth, Liban

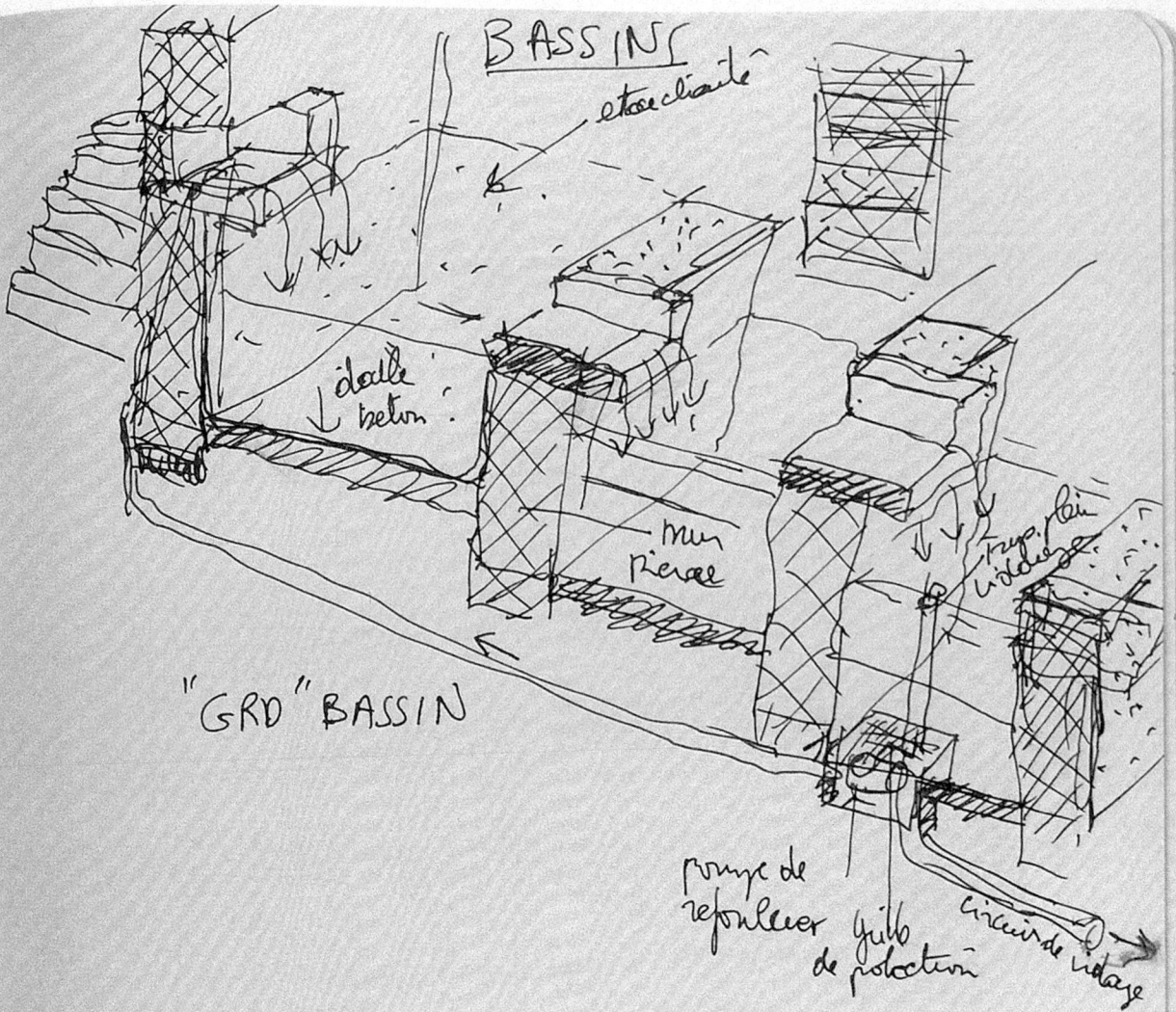

BASSINS

étanchéité

dalle béton

mur pierre

trop plein isolé

"GRD" BASSIN

pompe de
refouleur          grille
          de protection

circuit de vidage

Musée des vins et jardin ampélographique, Patrimonio, Haute-Corse

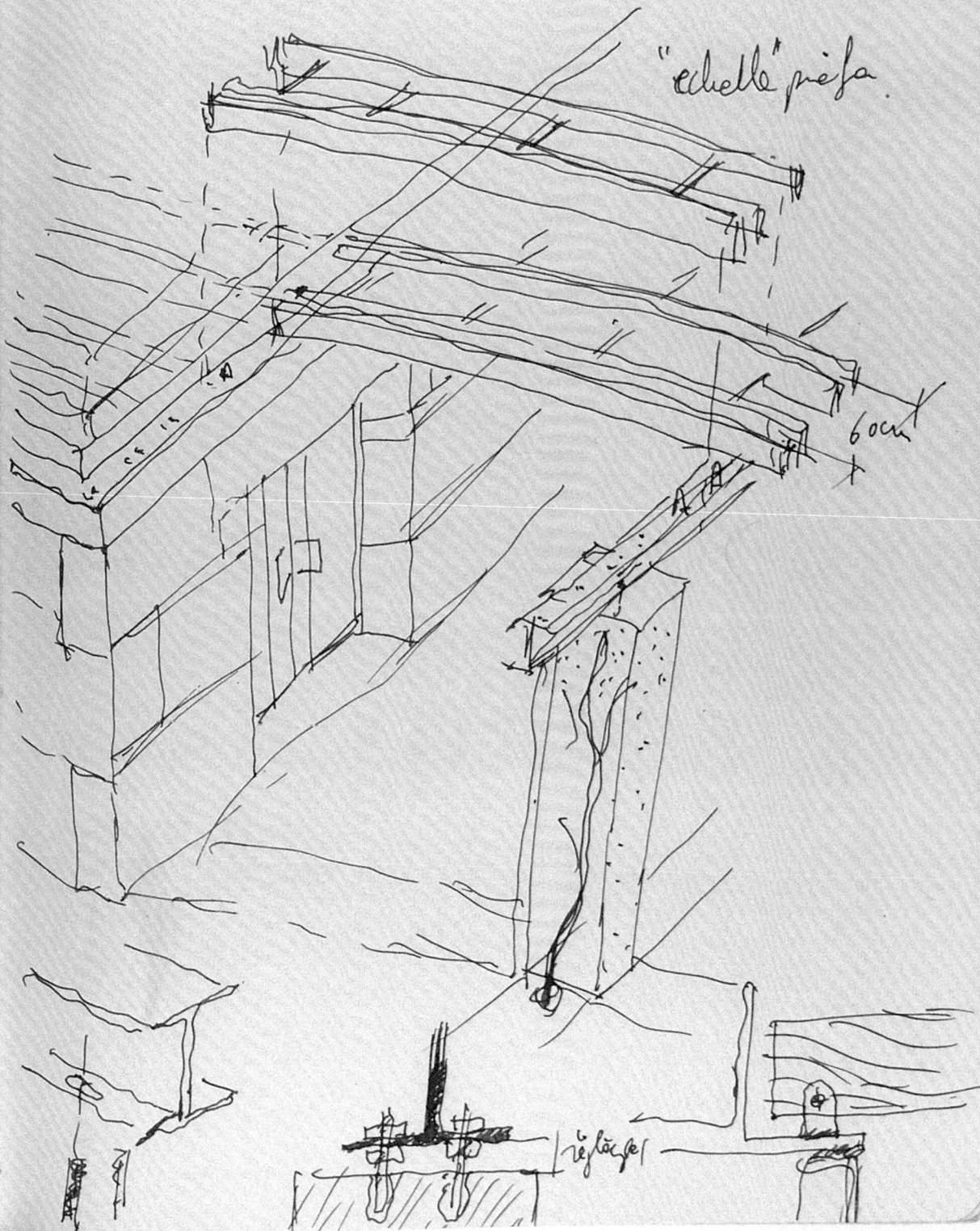

PERGOLAS.

"échelle" préfa.

60cm

réglages

Musée des vins et jardin ampélographique, Patrimonio, Haute-Corse

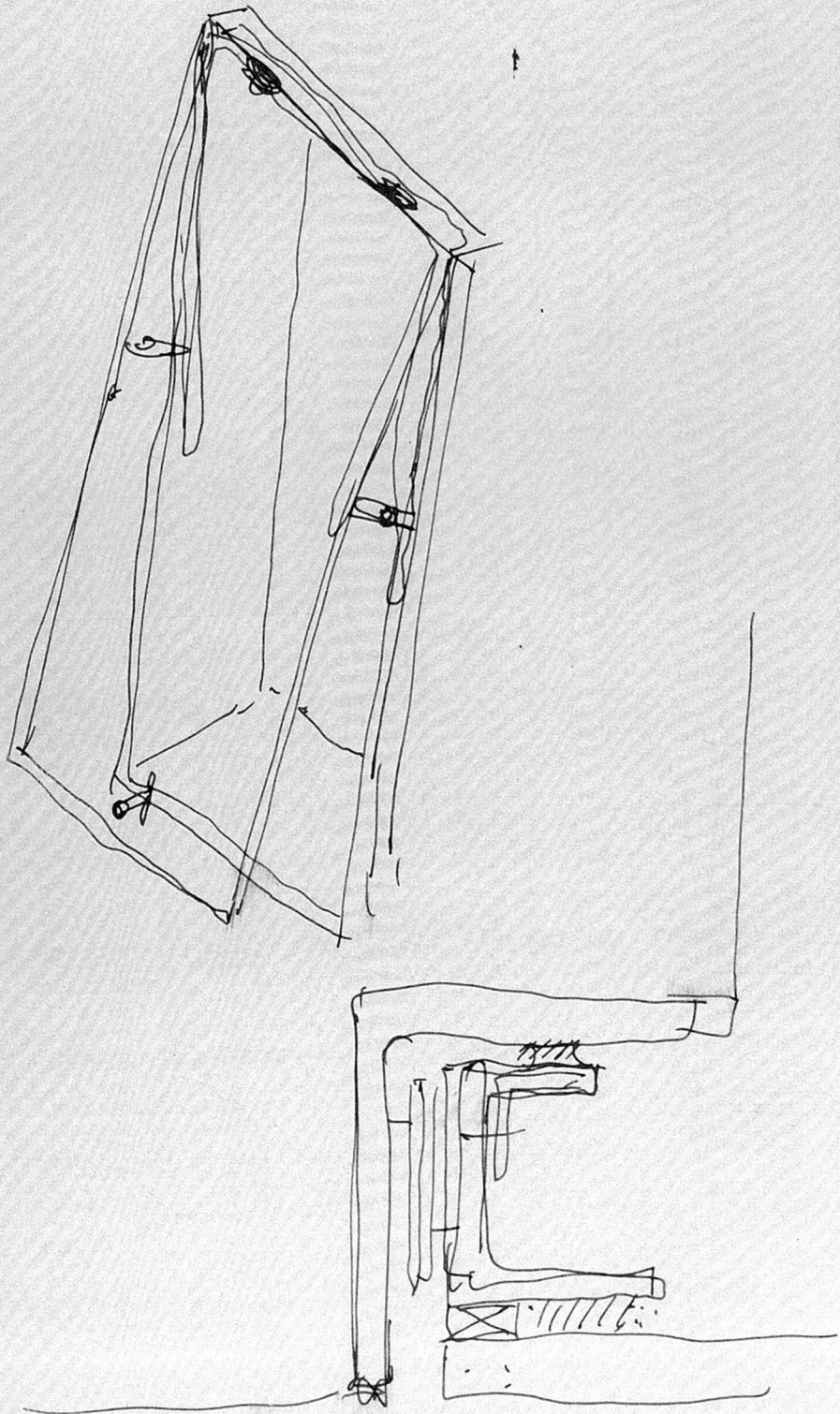

Musée des vins et jardin ampélographique, Patrimonio, Haute-Corse

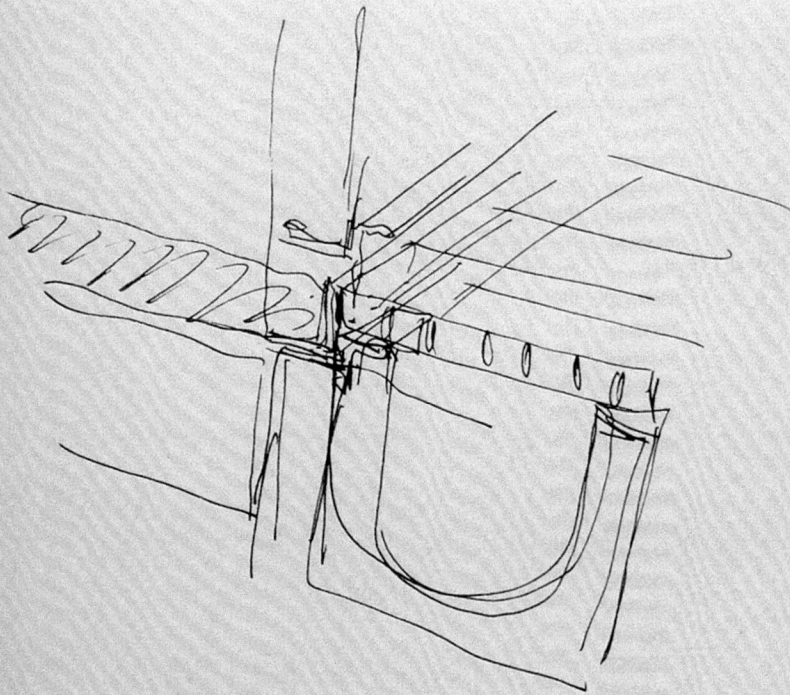

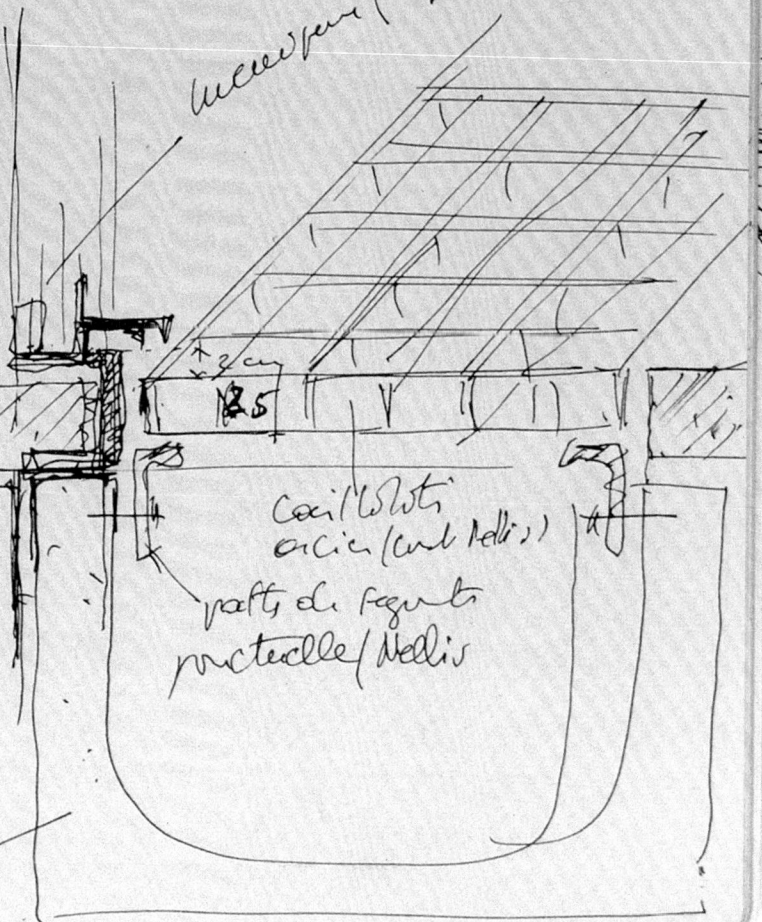

menuiserie (Copiétel)

Cleque de sol (Ansektedler)   0.00

dalle béton (maçon) Cuet Nelhis

caniveau béton (Cuet Nelhi.

Coil lit loti arcier (Cuet Nelhis) ratts de fagnots ponctuelle / Nelhis

Musée des vins et jardin ampélographique, Patrimonio, Haute-Corse

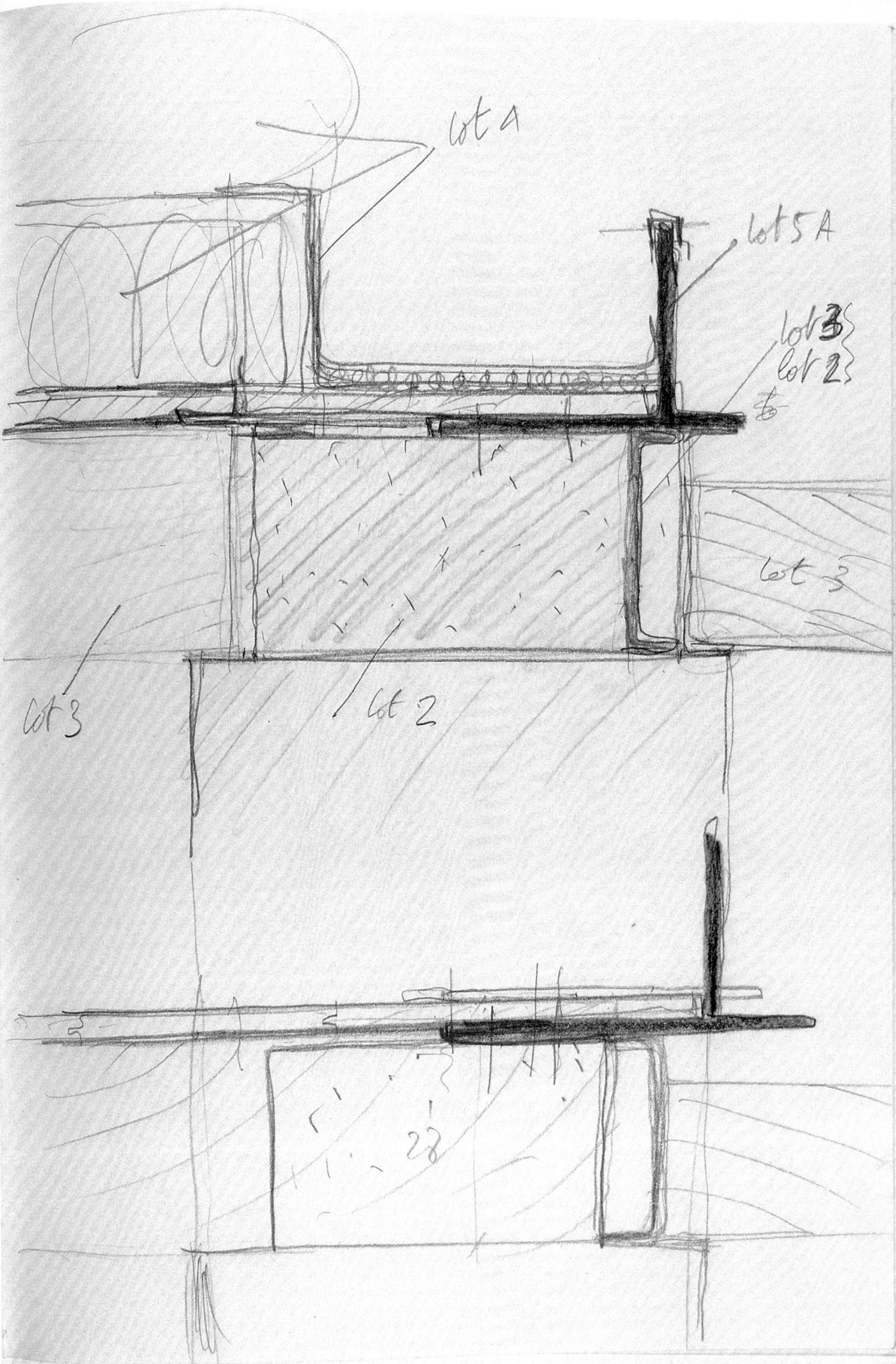

lot A

lot 5 A

lot 3
lot 2

lot 3

lot 2

Lot 3

28

Musée des vins et jardin ampélographique, Patrimonio, Haute-Corse

# Gilles Perraudin

les presses du réel

PROLOGUE


GILLES PERRAUDIN,
POUR UNE ARCHITECTURE VERNACULAIRE
"D'AVANT-GARDE"


YANN NUSSAUME

# GILLES PERRAUDIN,
## POUR UNE ARCHITECTURE VERNACULAIRE
## "D'AVANT-GARDE"

Le monde actuel s'écoule au rythme des changements de mode. On zappe, les effets d'annonce s'enchaînent, les informations succèdent à de nouvelles informations. Durée de vie limitée, mesure de l'audience : des centres d'intérêt éphémères influencent les tendances. Réciproquement, les tendances régies par les intérêts économiques influencent les individus en orientant journellement leur compréhension du monde environnant et leurs choix. Avec l'accélération de la société de consommation a démarré un train infernal. Les paysages défilent et si nous devons franchir des étapes communes, comme, par exemple, celle de la recherche de solutions pour affronter ensemble le réchauffement climatique, tout le monde ne partage pas les choix que ce train emprunte, choix souvent guidés par des intérêts économiques, plus que par des principes éthiques.

Certains architectes ont embarqué, d'autres ont préféré poursuivre leur propre route. Ils n'acceptent ni son trajet trop rigide ni ses raccourcis, ils questionnent inlassablement l'essence de l'architecture et souhaitent influer sur sa direction, servir, éventuellement, de signaux. Comme ils ne cherchent pas prioritairement à coller aux dernières tendances, certains peuvent parfois paraître en phase avec le mouvement, parfois même en avance, et d'autres fois en décalage. Cependant, ils ont en commun d'aller jusqu'au bout de leurs convictions. Refusant les compromissions, ils préservent ainsi son éthique à l'architecture. Gilles Perraudin est assurément l'un de ces aiguilleurs s'interrogeant sur les bases d'une architecture durable, une architecture qui ne soit pas la réponse univoque à des réglementations cantonnant ce sujet à des calculs thermiques. Guidé par l'un de ses mentors, André Ravéreau, il cherche « l'essentiel sans avoir recours à des apports superflus et sans vouloir faire des gestes techniques qui dépassent les besoins.[1] »

# 1- CONSTRUIRE, MAIS AVEC QUELLE ÉTHIQUE ÉCOLOGIQUE ?

> Il y a une très grande différence entre un Africain qui, comme j'ai vu dans un film, tue un lion
> avec une canne, pas même un sabre, il lui faut donner un coup dans le cou, sur les vertèbres.
> Là, le lion et lui ont une chance. Mais si je tue le lion avec une mitrailleuse à l'abri dans un tank,
> est-ce un sport ? Que faisons-nous de nous-mêmes et de nos valeurs ?
> En architecture aussi, nous sommes en train de tuer les lions avec des tanks, à la mitrailleuse.
> Et nous résolvons le problème de l'habitat comme ça.

Ce paragraphe[2] écrit par Hassan Fathy, il y a plusieurs décennies, dans l'introduction à l'ouvrage de l'architecte André Ravéreau, reste étonnamment d'actualité. Certes, les constructions évoluent et les problèmes posés aussi, mais en examinant l'état des lieux actuel, nous sommes tentés de reprendre ce paragraphe en remplaçant le mot « habitat » par « architecture durable ». Naturellement, il est important d'éviter le gaspillage des ressources naturelles et de limiter les gaz à effet de serre. Mais répondre à cette nécessité, comme nous l'avons signalé dès le début de ce texte, dépasse la résolution de simples calculs thermiques et implique le bon sens et surtout le développement d'une éthique écologique, de nature

Yann Nussaume        Architecte, docteur, enseignant à l'école nationale supérieure d'architecture de Normandie
et co-directeur d'AMP UMR LAVUE 7218 CNRS à l'école nationale supérieure d'architecture
de Paris-La Villette.

à élargir le débat en prenant en compte des données comme la fabrication, le transport, le recyclage, la conservation et le développement des savoir-faire constructifs locaux, sans oublier l'authenticité des matériaux qui composent les espaces, assurant le sens de l'habiter et l'importance du contact sensible avec les changements atmosphériques même s'ils sont filtrés. Autrement dit, faut-il enfermer l'habitant dans des atmosphères conditionnées, le couper du monde lorsqu'il pénètre son chez-lui? Notre tradition architecturale se nourrit-elle de cette rupture, de cette porte qui marque le passage intérieur/extérieur? La modernité, marquée par une révision de notre appréciation du monde, n'a-t-elle pas, dans le même temps, invité à une ouverture des édifices? Et si l'on considère l'intérieur comme un cocon de protection, quel doit être le rôle des matériaux du bâtiment, comment les utiliser pour conserver une assise existentielle aux habitants dans les territoires où ils demeurent? Assurément, la définition de l'éthique écologique ne peut se fondre dans un moule unique, comme celui de l'habiter. Elle dépend des individus, de leur histoire, des milieux où ils vivent et de leurs expériences.

Comprendre la formation de l'éthique écologique dans le parcours de Gilles Perraudin aide à en observer une forme de développement chez un architecte et à comprendre comment elle innerve ses projets dans leurs racines les plus profondes.

## 1. a  De la Martinière à l'école d'architecture de Lyon : associer savoir et savoir-faire

Gilles Perraudin est né en 1949. C'est un enfant de la génération *beatnik*, sensible à la recherche de solutions alternatives pour dépasser la société de consommation. Bercé par les dessins de Reiser, il rêve d'un monde meilleur esquissé par les expérimentations comme Drop City, communauté fondée en 1965 dans le sud du Colorado. Là-bas, des dômes géodésiques éparpillés dans les champs, inspirés par les recherches de Buckminster Fuller abritent une avant-garde de jeunes questionnant les modes de vie américains.

Lycéen, il a eu l'opportunité d'intégrer l'école de la Martinière de Lyon créée en 1833 par Claude Martin, un soldat ayant fait fortune en Inde. La particularité, toujours d'actualité, de cette institution pédagogique originale est d'offrir à des jeunes une formation technique et scientifique professionnalisante, privilégiant les liens entre savoir et savoir-faire. Il s'agit de repères importants que l'on retrouve continuellement dans le travail de l'architecte et qui le caractérisent. Pour Perraudin, l'architecture – en deçà des questions philosophiques, culturelles, géographiques, programmatiques, symboliques – est une œuvre construite et en amont de la conception de ses bâtiments, il questionne le faire de leur réalisation. Le choix de ses tracés associant des formes géométriques volontairement élémentaires, les répétitions de trames constructives s'appuient sur une esthétique classique, mais servent aussi à simplifier la réalisation lors du chantier et à en diminuer les coûts. Architecte « maître des artisans », il s'évertue à clarifier minutieusement la mécanique des détails constructifs de ses bâtiments, à solliciter les matières qui les composent. Dans le développement de cette conscience, la pédagogie pratiquée à la Martinière a probablement joué un rôle moteur. Un siècle auparavant, le célèbre architecte lyonnais, Tony Garnier, l'avait déjà précédé dans cette institution.

Diplômé en 1970, pour s'ouvrir à de nouvelles cultures, il voyage dans le Sud de l'Europe et le Moyen-Orient. Après Mai 68, la recherche de nouvelles approches sociales s'accélère dans le bâtiment : construire autrement, faire participer les habitants deviennent des leitmotive. Le jeune Perraudin est attiré par ces démarches et il s'engage dans une entreprise de construction en bois qui cherche à les promouvoir. L'influence nordique y est sous-jacente. Là encore, il a l'opportunité d'associer le dessin à la technique et aussi à la promotion de solutions pour répondre aux nouveaux besoins, entre autres thermiques.

Fort de ces expériences, il intègre l'école d'architecture de Lyon. Les écoles, unités pédagogiques, suite à l'éclatement de l'école des beaux-arts, sont en constitution ; elles se sont muées en lieux d'observation et de réflexion. De nombreuses matières connexes sont intégrées au cursus des étudiants : sociologie, anthropologie, philosophie, géographie, etc. La pratique passe souvent au second plan. C'est dans ce cadre pédagogique encore expérimental qu'un enseignant, Pierre Genton, sensibilisé par les préoccupations de son jeune disciple, le recommande comme stagiaire en Algérie auprès d'André Ravéreau.

## 1. b    La route de l'atelier du désert...

André Ravéreau, architecte, formé à l'école des beaux-arts sous la direction d'Auguste Perret, avait voyagé autour de la Méditerranée, en Grèce puis en Algérie. Là, en 1949, il découvre la vallée du M'Zab et ses cités, un urbanisme et une architecture qui s'étaient formés siècle après siècle en cherchant une réponse optimum aux attentes sociales, mais aussi aux contraintes géographiques et territoriales extrêmes de cette région du nord-saharien[3]. Les ibadites, pourchassés pour des raisons religieuses ont, à partir du XIe siècle, construit dans cette région ingrate, cinq cités d'une rare beauté. Cette rencontre semble à André Ravéreau l'aboutissement d'une architecture prenant en compte les contraintes du territoire et d'un urbanisme respectueux de l'environnement et l'incite à créer, en 1959, à Ghardaïa, capitale de la vallée du M'Zab, l'*atelier du désert*. Ce lieu d'apprentissage et de réflexion dépasse la seule observation des qualités du bâti local. André Ravéreau y questionne l'actualité de ce dernier pour répondre à des questions en train d'émerger. En effet, en Europe, dans les années 1960, se développe un courant de pensée dénonçant une architecture et un urbanisme aux principes généralisables, indépendamment des particularités territoriales. Comme l'explique Gilles Perraudin dans un article sur l'atelier du désert : « En 1953, à Aix-en-Provence, pour le 9e congrès des CIAM, une bande de ‹ trublions › – ainsi les nommait Le Corbusier – vont proposer une alternative architecturale au dogme des CIAM, la Charte d'Athènes. Ce groupe, appelé ‹ Team Ten › est composé d'architectes comme Candilis, Josic, Gian Carlo de Carlo, Aldo Van Eyck, Bakema, Ralph Erskine, ‹ les › Smithson. Ils revendiquent une architecture plus sociale, en relation étroite avec le contexte géographique et culturel dans lequel elle se situe, une architecture que nous dirions aujourd'hui *située ?*[4] » L'époque est inspirée par les travaux de chercheurs comme ceux de l'anthropologue et ethnologue Claude Lévi-Strauss. Ce dernier s'intéresse aux logiques des sociétés primitives, il développe, sous l'influence de Roman Jakobson, la pensée structuraliste et favorise une revalorisation des sociétés en lien avec leur territoire. La publication en 1964 de l'ouvrage de Bernard Rudofsky *Architecture Without Architects : A Short Introduction to Non-pedigreed Architecture*, publié en français en 1977 sous le titre

*Architecture sans architectes : brève introduction à l'architecture spontanée*[5], participe également à ce mouvement partie prenante d'une réévaluation de l'architecture vernaculaire et de la prise en compte des richesses des cultures locales et de leur environnement. La démarche d'André Ravéreau s'inscrit dans ces préoccupations émergentes, dont il est, avec Hassan Fathy, Balkrishna Doshi, assurément l'un des pionniers.

C'est ainsi dans le calme de l'atelier du désert au contact du maître que le jeune disciple Gilles Perraudin se sensibilise intellectuellement mais aussi dans la sueur des chaleurs intenses du nord-saharien à l'importance des lieux, des cultures, des climats. Jour après jour, à l'ombre des constructions en chaux, aux espaces dimensionnés par la taille des troncs de palmier, il expérimente le bien-fondé d'une culture qui a su dialoguer avec les conditions locales pour produire une adaptation optimale. Inspiré par la pensée de son tuteur, il réfléchit à la création d'une architecture située, engagée dans les conditions techniques et économiques de son époque et qui ne soit surtout pas la résultante d'un pastiche. L'année 1973, secouée par le premier choc pétrolier, a induit la nécessité de réfléchir autrement à l'utilisation de l'énergie ; cela dit, la réflexion sur la nécessité de développer une architecture économe en énergie reste à cette époque, en France, encore assez anecdotique. Un retard qui s'explique probablement par le développement massif de l'énergie atomique qui semble pouvoir prendre la suite de l'énergie fossile. Grâce à son séjour à l'atelier du désert, Gilles Perraudin prend cependant de l'avance par rapport à cette question. Partant des besoins élémentaires de l'homme, il étudie comment travailler avec les matériaux locaux, dialoguer avec le climat, pour construire. L'observation de l'architecture vernaculaire où les hommes et les sociétés ont su trouver des réponses pré-industrielles sème en lui les ferments d'une éthique écologique qui le guideront tout au long de sa carrière d'architecte. Une éthique écologique où le pouvoir et la dimension économique ne peuvent être les moteurs omnipotents des décisions à prendre pour la société future. Une éthique écologique où la place des habitants et de leurs besoins sont essentiels dans la définition des programmes et de l'architecture. Une réflexion qui conduit Gilles Perraudin à achever ses études en 1977 en proposant un diplôme sur la participation des habitants pour créer de l'architecture.

## 2 – ENVELOPPES BIOCLIMATIQUES
## ENTRE RÉGIONALISME BRUTALISTE ET HIGH-TECH

### 2.a   Premières investigations : brutalisme et écologie

En 1980, Gilles Perraudin s'associe à Françoise-Hélène Jourda pour créer une agence où ils vont développer des bâtiments sensibles aux questions environnementales, aux performances climatiques. Ils fondent leurs bâtiments sur des principes comme l'« utilisation de matériaux renouvelables (bois, terre, verre, acier, pierre) ; la mise en œuvre de dispositifs d'économie d'énergie (double façade, enveloppe microclimatique, bâtiment épais) ; l'utilisation des énergies renouvelables (vent, soleil, etc.).[6] »

Cette année-là leur fournit une première opportunité d'expérimenter leurs recherches : un client leur commande une esquisse pour une maison solaire à Ceyzérieu dans l'Ain. Leur réponse prend pour corps du projet la forme du hangar agricole. Plutôt que d'utiliser

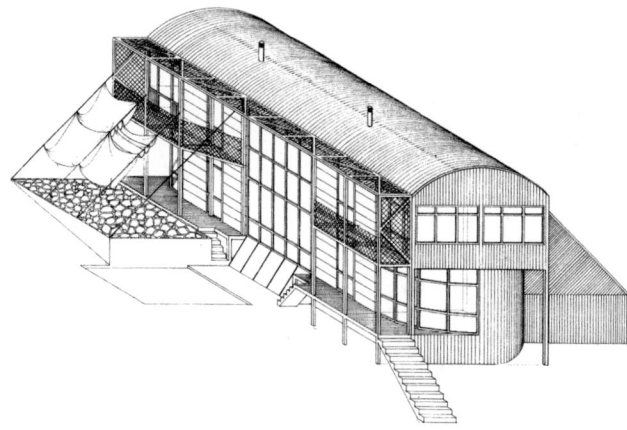

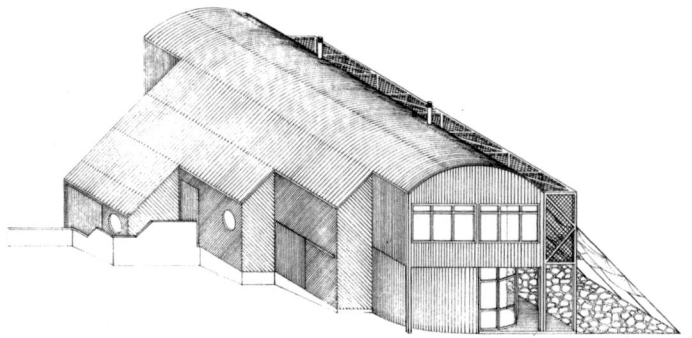

1.  Espace vie nocturne
2.  Espace quotidien
3.  Espaces saisonniers
4.  Espaces tampons (cellier, garage)
5.  Pergolas végétalisés et balcons
6.  Terrasse est
7.  Bassin
8.  Panneaux solaires
9.  Toit

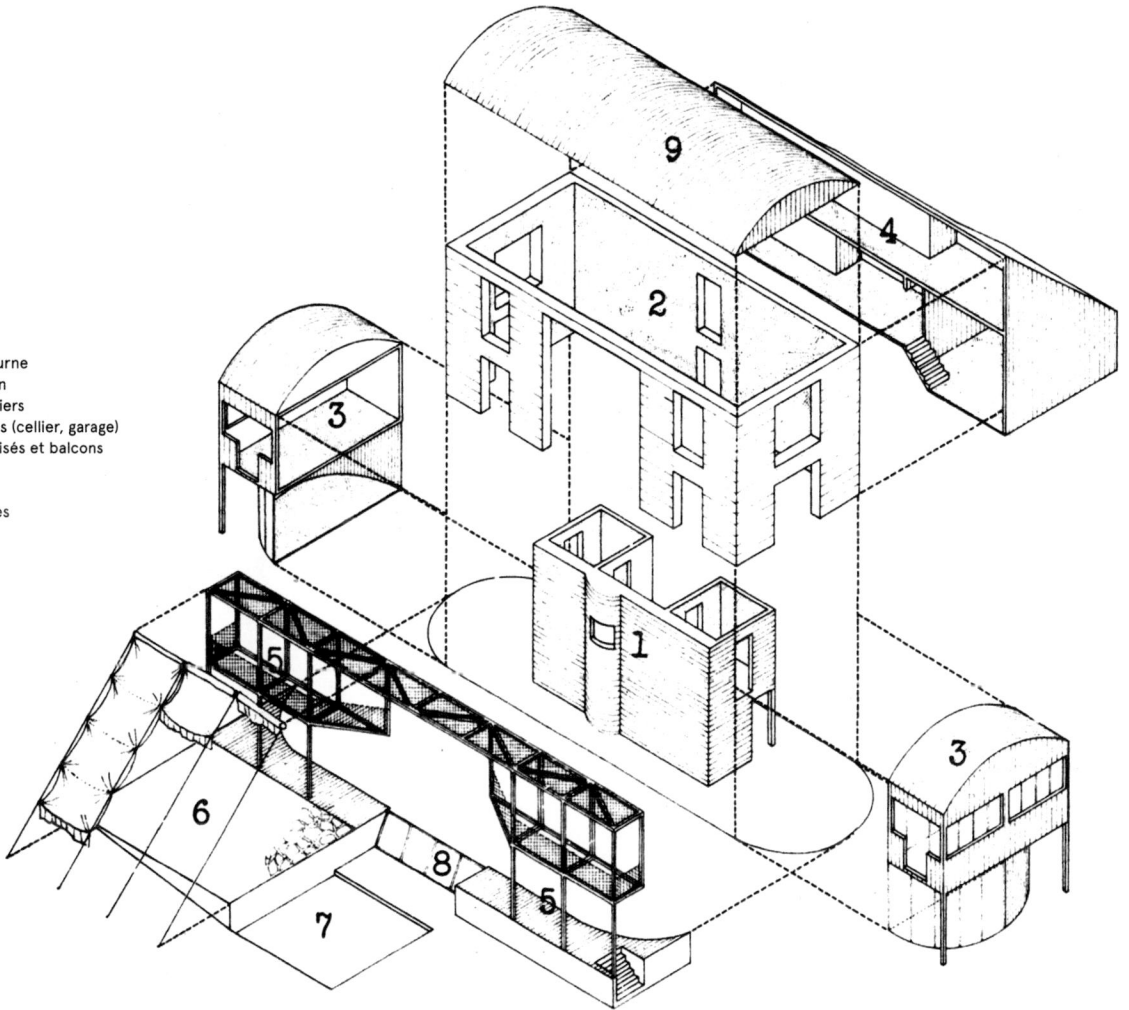

Axonométries sud-est et nord-ouest,
vue sud-est éclatée, maquette vue sud-est

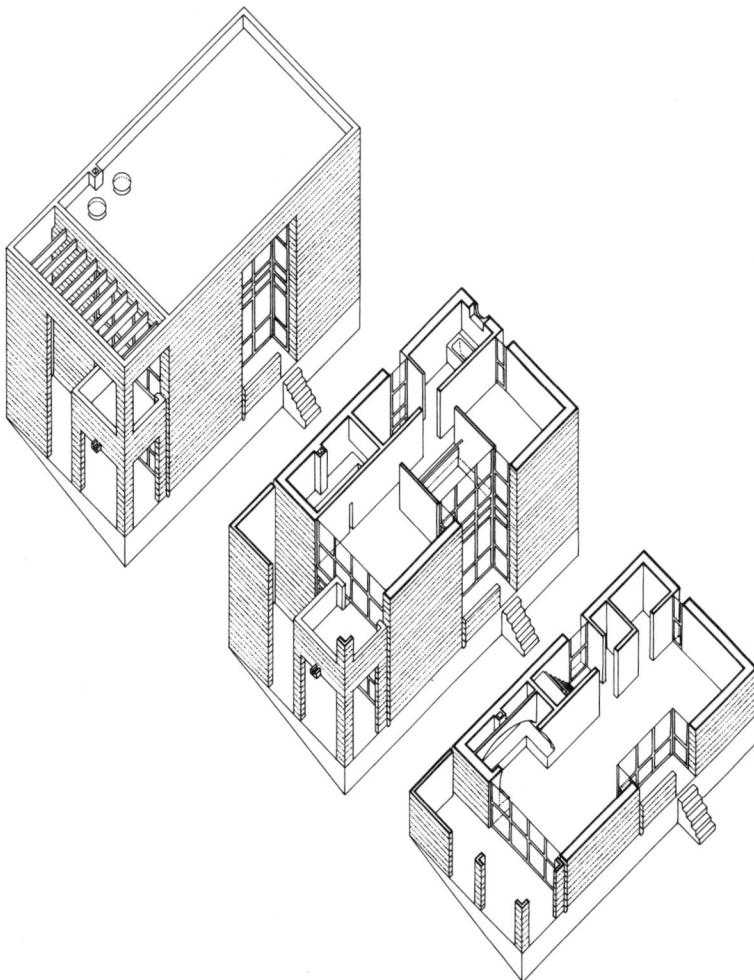

Vallon de l'Ardèche, façade sud-est,
vue depuis la terrasse sud, façade nord,
isométrie par niveaux

massivement des panneaux solaires, l'organisation du plan se fonde sur le principe des poupées russes afin de créer des jeux successifs d'enveloppes bioclimatiques. Sur la façade nord se prolonge la toiture cintrée en tôle ondulée. L'ensemble évoque une customisation d'un bâtiment ordinaire dans le but de renforcer ses qualités bioclimatiques. L'esquisse n'enthousiasme pas le client. Toutefois, elle leur permet de gagner le premier concours européen d'énergie solaire passive.

Suite à ce succès, ils entreprennent la construction d'une maison individuelle isolée dans un petit vallon de l'Ardèche. Avec la forme de son plan clair et rigoureux, un rectangle d'or inscrit dans un double carré et son volume équivalent à deux cubes jumelés, elle se démarque de l'architecture vernaculaire de la région. Ses tracés géométriques et son ordonnancement inspirent un certain classicisme et favorisent la compréhension du système constructif, elle repose sur une logique intemporelle, même si elle est discutée, à laquelle aurait été sensible Auguste Choisy. Gilles Perraudin l'explique comme une recherche de lisibilité et de simplicité constructive. Des règles pour faciliter le travail des artisans qui, au-delà de ces formes, expérimentent de nombreuses idées défendues par l'éthique écologique de Perraudin : des murs respirants en briques sans enduit qui donnent par leur apparence brute une matérialité à l'espace et qui ancrent la massivité de l'édifice dans le paysage du vallon ; la distinction et la complémentarité entre une bande d'espaces servants (escalier, salle de bain, coin cheminée, etc.) fermés pour se protéger de l'environnement défavorable de l'ouest et les espaces servis (chambres, séjours, etc.) s'ouvrant sur la vallée. Ici, ce jeu de composition espaces servants/espaces servis fait naturellement penser au principe de Louis Kahn, la référence est évidente. Dans la suite des projets de l'agence, on retrouve souvent des références aux bâtiments de cet architecte, références spatiales, formelles (comme les jeux d'arcs de cercle), mais aussi dans le traitement des matériaux dont la forme de brutalisme donne corps au bâtiment dans le territoire, sans passer par un pastiche des références vernaculaires et des formes. Gilles Perraudin revendique avec ferveur cette parenté prestigieuse de son architecture, non sans préciser que lui et son associée déclinent ces références en fonction de leurs préoccupations. La reprise du principe des imbrications espaces servants et servis favorise ainsi un emboîtement d'enveloppes bioclimatiques. Leur architecture se démarque également de la quête de l'ésotérisme mystique propre à Louis Kahn, cependant cette petite maison n'est pas exempte de références, entre autres mythologiques : Hestia, divinité du feu sacré et du foyer symbolisée par le cœur autour de la cheminée, qui dialogue avec Hermès, dieu des voyageurs évoqué par le dynamisme de l'espace. Une opposition/complémentarité que l'on retrouve dans de nombreux projets, comme dans le bâtiment de l'école de Lyon ou le projet du concours pour la Cité de la musique, avec un soubassement ancré dans le sol, cryptique et un niveau supérieur plus aérien. D'autres références architecturales motivent également cette première œuvre, comme la visite de l'architecture tessinoise effectuée par Gilles Perraudin et dont les paysages, langages architecturaux en soi, sont captés par les bâtiments originaux et singuliers de Luigi Snozzi, Mario Botta, Aurelio Galfetti, Livio Vacchini. Gilles Perraudin aura d'ailleurs l'opportunité de rencontrer Mario Botta. Autre référence, plus conceptuelle, l'architecte James Stirling et sa capacité à puiser des citations pour produire une architecture authentique.

## 2. b   Terre crue, simplicité, homogénéité, bioclimatique...

En 1981, l'agence gagne un concours organisé par l'Opac de l'Isère et le Plan Construction pour la construction de quatre logements à l'Isle-d'Abeau au cœur du village de terre. Le but est de réhabiliter l'utilisation du «pisé» appelé également «terre crue», un matériau utilisé traditionnellement par plus de 80% des constructions dans la région dauphinoise avant 1950. Ils proposent l'édification de deux unités, dont l'échelle rez-de-chaussée plus deux niveaux évoque deux gros chalets. Ils regroupent dans chaque unité deux habitations adossées qui se développent sur les trois étages. Cette composition évite subtilement la succession de maisons isolées, elle favorise du semi-collectif tout en marquant l'identité de chaque logement grâce, par exemple, à la forme de la double-toiture qui les recouvre et à la présence d'espaces extérieurs signalant la distinction. En même temps, la volumétrie, la façade protégeant les terrasses avec son ouverture en arc de cercle (clin d'œil assurément à Kahn) donnent une image unitaire à ces bâtiments. Là encore, symétrie, répétition des trames constructives, simplicité des plans permettent d'abaisser le coût de ces logements sociaux, tout en évitant l'image brutale souvent assimilée à ce type de programme. La réalisation du bâtiment leur permet de poursuivre leurs investigations sur l'utilisation de matériaux bruts. Au niveau de la composition spatiale, la volonté est toujours celle d'une architecture avec un cœur s'étendant dans les trois dimensions par des espaces intermédiaires saisonniers protégés par des enveloppes bioclimatiques, des murs écrans. Un principe qui se déploie aussi au niveau des toitures composées de panneaux en polycarbonate enveloppant le centre de la maison et aussi les espaces d'articulations des façades sur rue et sur jardin. Techniquement, elles permettent de capter les rayons du soleil sur une dalle accumulatrice du plancher haut des habitations. Combiné à des ventilateurs et un thermostat, ce système thermique astucieux aide à équilibrer les changements de températures dans les habitations. Au-delà des préoccupations environnementales, ces projets constituent de véritables laboratoires; on note également dans ces projets d'habitat modeste, un vrai souci en faveur d'une société juste et égalitaire dont on peut retrouver les origines inspiratrices dans les bâtiments de l'architecte anglais émigré en Suède, Ralph Erskine.

À côté de la construction de ces petits édifices, afin d'avoir accès à la commande de bâtiments publics importants, l'agence multiplie très tôt les concours (cité judiciaire de Lyon et Institut du monde arabe en 1981, Cité de la musique dans le Parc de la Villette en 1984). L'un de leur premier demi-succès est d'être choisi parmi les trois projets finalistes pour la cité judiciaire de Lyon. Hélas, la décision finale, malgré les qualités intrinsèques de leur projet, penche finalement pour une équipe à l'époque plus renommée.

La même année en 1981, ils sont toutefois lauréats du concours national des écoles économes en énergie, et ont l'opportunité de construire un premier édifice public à Cergy-Pontoise sur le plateau de Puisieux: l'école de la Lanterne. Afin de limiter les pertes énergétiques, le parti choisi est de proposer un bâtiment compact d'un seul niveau, très large (32 mètres). Son organisation linéaire, symétrique, favorise, le long d'un axe nord-sud, la succession des différents espaces requis: école maternelle, école primaire, restaurant, logements. De part et d'autre du bâtiment à l'est et à l'ouest, se trouvent d'un côté le terrain de sport et la cour pour les élèves en maternelle, et de l'autre la cour pour ceux du primaire. Les classes s'organisent sur une trame carrée de 7 mètres de côté. Elles se positionnent autour

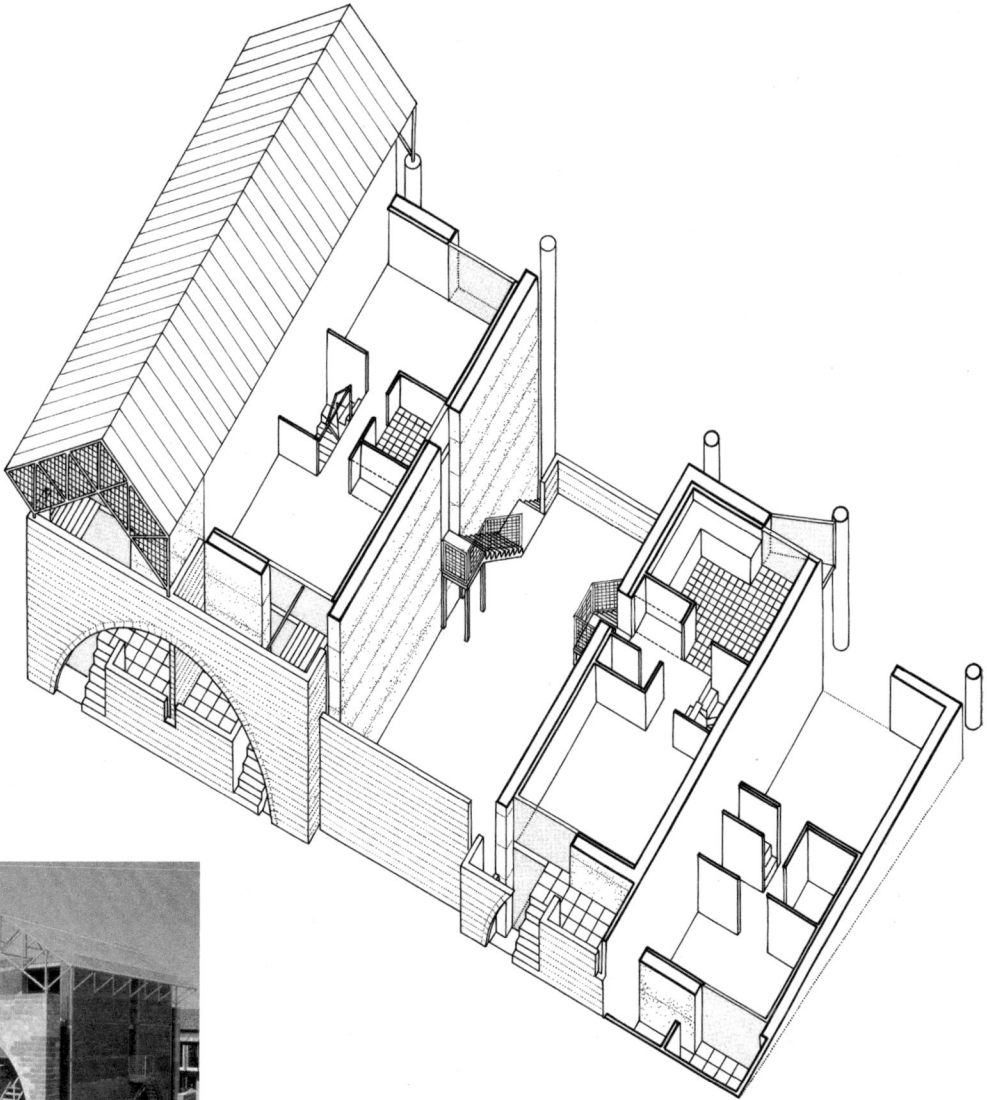

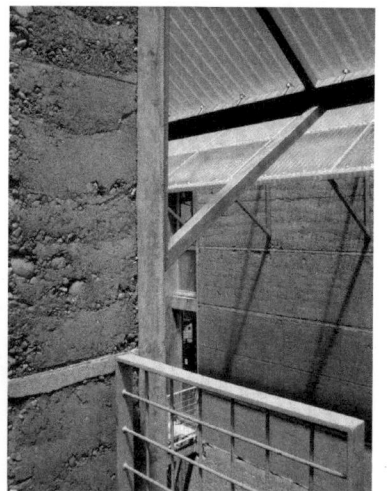

Ci-dessus :
isométrie par niveaux, façade sud-est,
détail façade sud, vue depuis le séjour,
terrasse sud abritée

À droite :
façade nord-ouest, détail mur pisé
et toiture, détail terrasse haute

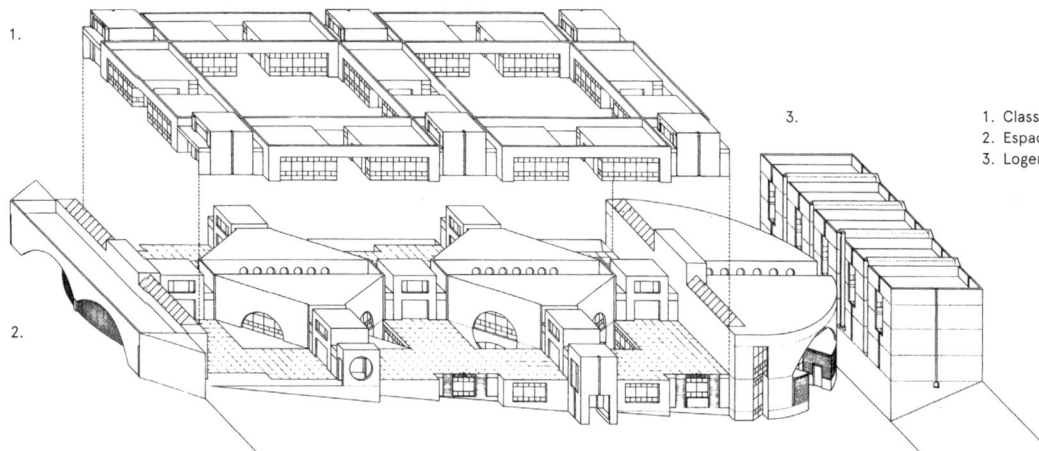

1. Classes
2. Espaces collectifs
3. Logements

De haut en bas, de gauche à droite:
articulation entre logements et réfectoire, salle commune
de la maternelle, détail bois/béton/brique, entrée école
maternelle, patio triangulaire, façade sud des logements,
axonométrie éclatée

de deux espaces collectifs de forme octogonale, lieux de circulation et de rassemblement qui servent de salle de jeu pour le niveau maternelle et de salle polyvalente pour les élèves en primaire. Dans les angles entre les salles, des ateliers communs. L'ensemble des salles et des ateliers dessine ainsi des sortes de cloîtres introvertis éclairés par la présence de patios-cours triangulaires positionnés dans les angles en entre-deux avec les espaces collectifs. Les architectes n'ont pas souhaité ouvrir leur bâtiment au contexte incertain de cette ville nouvelle. Les espaces collectifs les plus difficiles au niveau thermique sont partiellement protégés par les autres, qui jouent le rôle d'enveloppes bioclimatiques. Ainsi, si les associations géométriques évoquent Louis Kahn, la référence aux formes fractales ouvertes que l'on peut trouver dans le dessin des plans de l'architecte américain ne figure pas ici. Dans l'école de la Lanterne, l'association et l'imbrication des formes géométriques, le principe d'emboîtement des espaces servis et servants, sont introvertis, compactés par les préoccupations écologiques de l'agence. Le rapport au territoire, au lieu, reste renforcé par l'aspect brutaliste de l'édifice et les matériaux utilisés (accroche des visiteurs par la translucidité d'un mur en pavés de verre à l'entrée, façades porteuses en béton brut – dont on peut observer, comme chez Ando, les trames des banches qui ont servi au coulage ainsi que l'empreinte des vis de serrage – la chaleur des menuiseries en bois pour dynamiser, réchauffer l'ensemble).

## 2.c   Glissement vers un bioclimatique "high-tech"?

En 1982, l'agence gagne le concours de l'école d'architecture de Lyon. Comme pour l'école de la Lanterne, les bâtiments s'organisent en longueur. L'école se divise en deux parties : l'une abrite la partie enseignement, l'autre la partie administrative. La partie enseignement se compose de trois niveaux : le rez-de-chaussée comporte les salles de cours, l'étage avec ses mezzanines est dévolu aux ateliers. Elle est axée sur une rue intérieure éclairée par une verrière et scandée par des passerelles reliant les ateliers. La rue rejoint le bâtiment de l'administration en forme semi-circulaire avec un hall au centre éclairé de façon zénithale. Là encore, le choix de l'organisation révèle une certaine introversion. Toutefois, le corps principal du bâtiment abritant les activités pédagogiques est très différent de la composition de l'école de la Lanterne. Si le soubassement en béton favorise une atmosphère plutôt cryptique propice selon les architectes à recevoir les salles de cours pour l'enseignement des matières théoriques, à l'inverse, le premier étage accueillant les ateliers est largement éclairé par les façades vitrées. L'ensemble des activités pédagogiques donne dès lors l'impression d'un vaisseau avec à l'extrêmité, l'administration, le poste de pilotage qui le maintient arrimé. Dans ce projet, les architectes ont évolué dans leurs réflexions. Des investigations sur l'architecture high-tech prennent forme en même temps que leur architecture « prend son envol ». Gilles Perraudin explique cette évolution par l'intérêt qu'ils portent à des bâtiments dessinés par un architecte comme Renzo Piano. Quelques années auparavant en 1977, le Centre national d'art et de culture Georges Pompidou, conçu par l'architecte italien avec Richard Rogers, avait été inauguré avec une mise en exergue de ses détails constructifs et de ses équipements de chauffage et de ventilation. Toutefois, là encore, les sources d'inspiration architecturale restent canalisées et réorientées pour favoriser le développement d'une architecture écologique. On le ressent dans le choix du matériau de la charpente, en éléments de bois lamellé-collé, articulés entre eux par des pièces en métal, fixés sur le soubassement. Cette charpente soutient les mezzanines des ateliers et la toiture. Les façades vitrées éclairant l'étage, protégées par des brise-soleil, contribuent également à la mise en place d'une enveloppe bioclimatique. La préoccupation écologique transparaît également dans le rapport du bâtiment avec les plantations extérieures et avec l'implantation le long de la façade ouest de hauts arbres à feuilles caduques, protégeant une partie de l'année l'intérieur de la chaleur. Pour mener à bien l'ensemble des détails techniques, Gilles Perraudin souhaitait associer Jean Prouvé à cette tâche. Celui-ci étant malade, on lui conseilla de se rapprocher de l'agence RFR dirigée par Peter Rice, Martin Francis et Ian Ritchie. Peter Rice avait notamment travaillé sur le projet du Centre Pompidou et l'agence avait développé le principe du verre structurel pour les serres bioclimatiques du bâtiment de la Cité des sciences d'Adrien Fainsilber. De cette rencontre débutent une collaboration et une amitié entre Gilles Perraudin et principalement Peter Rice et Martin Francis. Dans le cas de l'école d'architecture de Lyon, Gilles Perraudin tient toutefois à souligner que la mission de l'agence RFR se limita au rôle de conseil technique et qu'il a conçu lui-même la structure et les détails. Sans doute faut-il y voir une illustration de l'esprit inculqué à l'école de la Martinière qui a toujours prôné l'association du savoir et de la technique. Le bâtiment, primé par une mention spéciale du jury de l'Équerre d'argent en 1987 (cette année-là, Jean Nouvel et Architecture-Studio gagnent la récompense pour l'Institut du monde arabe), favorise aussi pour les deux jeunes architectes une nouvelle rencontre et amitié avec Norman Foster, membre de la commission d'attribution. Intéressé par le bâtiment, il vient le visiter et sollicite l'agence pour coopérer à la réalisation de la partie en béton du Carré d'art de Nîmes. Ils construisent également un partenariat, lequel, au final, ne débouchera sur aucun projet réalisé.

## 2.d   Ouverture sur le paysage environnant

Parmi les nombreux concours qui se succèderont, celui de la Cité de la musique en 1984 marque une étape importante. La pensée directrice du projet, un travail sur la topographie, se condense en un concept fort dans lequel s'inscrivent les fonctions du projet. On retrouve une opposition et complémentarité déjà existantes dans les projets précédents mais qui devient lisible avec le dessous – partie inférieure, cryptique, évocatrice des grottes où se trouvent les salles – qui contraste avec l'image du dessus constituée d'une nappe d'arbres artificiels. Les troncs et les racines des arbres tissent le lien avec le sol et servent de structure pour les bâtiments. Les promeneurs dans le parc sont invités à circuler sur les toitures terrasses des salles à l'abri des « feuillages » des arbres contrefaits. Des compositions spatiales d'une architecture brutaliste écologique imbriquant des formes géométriques dictées par une vision platonique du monde, on passe progressivement à une architecture conceptuelle bioclimatique high-tech évocatrice d'une nature artificielle, ouverte sur le paysage environnant. Qu'est-ce que la nature ? Où se situe la limite entre architecture et nature ? Cette évolution du regard sur les territoires et les paysages en France au cours de ces années n'est pas propre à l'agence de Gilles Perraudin et de son associée. Elle s'inscrit dans les préoccupations de la société. En 1981, le colloque de philosophie et d'esthétique « Mort du paysage ? » a lieu à Lyon. Comme le souligne Augustin Berque dans l'introduction de l'article « Au-delà du paysage moderne[7] », la mort du paysage n'est pas uniquement

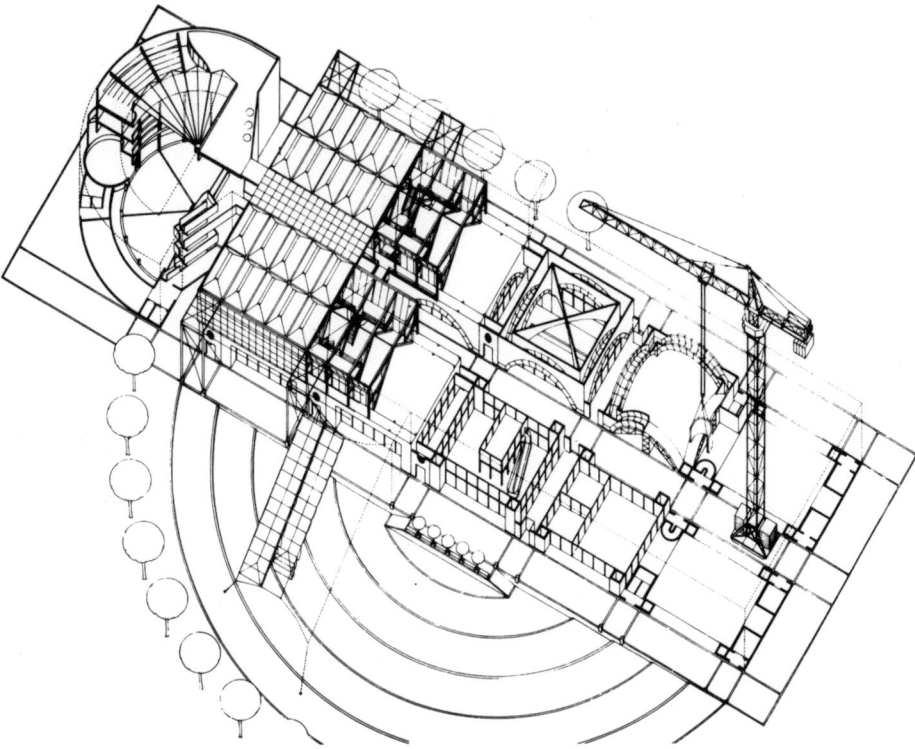

Ci-dessus, de haut en bas :
vue nord-ouest, vues extérieures : labos
et ateliers, salle de classe et ateliers,
administration, hall de l'administration,
salle de classe

À gauche :
isométrie par niveaux, ateliers (étage),
rue intérieure (rez-de-chaussée)

En haut, maison-serre, Saint-Just :
façade est, séjour

En bas, maison individuelle, Vaise :
vue sud, entrée nord, séjour

la transformation de nos cadres de vie, la mort du paysage « à la française », c'est un changement de nos certitudes et savoirs face à la confrontation avec d'autres modèles. Cet intérêt
pour le paysage se retrouve d'ailleurs acté dans les articles de la convention européenne du
paysage, adoptée le 20 octobre 2000 à Florence.

Cette évolution, dans le rapport au paysage et aux choix d'une architecture légère,
se catalyse dans des bâtiments comme la maison-serre à Lyon Saint-Just construite en
1985 ou celle du quartier de Vaise terminée en 1989. La conception radicale de la maison-
serre est la résultante d'une demande d'un client au budget modeste. Face à ses capacités
financières limitées, Gilles Perraudin et son associée lui suggèrent d'acheter une serre
horticole sur catalogue que l'on pourra customiser. Les capacités originales de ventilation
et de chauffage de la serre pour réguler l'atmosphère des plantes les inspirent. Afin de
favoriser un microclimat habitable, ils les renforcent en isolant, et protégeant les espaces et
les vitres par des voiles et des peintures au blanc d'Espagne. De part et d'autre de la serre,
les pignons sont ainsi rendus opaques, deux volumes en gradin sont construits à l'intérieur
pour abriter d'un côté : la cuisine, le vestiaire et le cellier et de l'autre, les chambres. Au
centre, au rez-de-chaussée, on trouve le séjour avec une cheminée. Ce dernier, comme les
chambres, la salle de bain et la cuisine, s'ouvre par des portes donnant sur le jardin. Au sud,
un caillebotis prolonge le plancher intérieur en direction du jardin, il est protégé, de même
que la façade, par une pergola. Avec le recul des années, les qualités thermiques d'un tel
bâtiment restent discutables et nécessitent de la part des habitants de faire varier le chauffage en fonction de l'utilisation des espaces, mais cette astreinte apparente ne constitue-t-
elle pas, tout compte fait, un avantage ? De même cette architecture oblige à un nomadisme
des habitants, aux déplacements des lieux de vie dans la serre en fonction du climat selon
les moments de la journée et de l'année. Ce projet, même s'il est d'une dimension limitée,
énonce le principe de l'espace tampon auto-régulé avec des constructions intérieures protégées des intempéries du centre de formation de Herne, que les deux associés construiront
plus tard en Allemagne.

La maison du quartier de Vaise édifiée dans un verger reprend également le principe
de la légèreté : elle « flotte » au-dessus du sol, maintenue par quelques points d'ancrage,
posée sur une dalle de rez-de-chaussée se prolongeant par une large terrasse. Close sur les
façades nord, est et ouest, elle s'ouvre largement au sud. La structure est en métal avec des
remplissages pour les parties opaques en panneaux sandwich (contre-plaqué, raidisseurs
en bois, isolant). Une sur-toiture en toile tenue par une arborescence métallique avec des
débords confortables protège la construction proprement dite du soleil et des intempéries.
L'idée est dans la continuité des bâtiments et des projets précédemment dessinés, entre
autres celui du concours pour la Cité de la musique. Elle sera reprise pour les logements
expérimentaux de Stuttgart de 1988 à 1993.

Parmi les nombreux bâtiments qui suivent, les choix architecturaux – donnant une
préférence à l'aspect soit cryptique, massif, soit Hermès léger, ouvert ou soit combinant les
deux – se déclinent en fonction des programmes et des sites. Les constructions valorisent
également les recherches bioclimatiques élaborées précédemment.

Avec le centre de formation de Herne (Westphalie) dont les études commencent en
1992 et s'achèvent en 1999, l'opportunité sera donnée à l'agence de pousser l'édification
de bâtiments à l'intérieur d'une vaste enveloppe protectrice créant un espace tampon, un

microclimat. L'idée en elle-même rappelle le projet de la maison-serre, d'autant que la boîte en verre de 13 000 m² (72 par 168 mètres) évoque ce type de bâtiment. À l'intérieur de cette « serre contemporaine » maintenue par des poteaux en bois extraits des forêts environnantes, l'atmosphère est tempérée grâce à diverses techniques : ventilation naturelle, voiles, présence en toiture de cellules photovoltaïques intégrées au verre qui servent en même temps de pare-soleil. Au niveau du sol, la végétation et des bassins brumisateurs participent également à la qualité de l'atmosphère. La présence des cellules photovoltaïques sur 10 000 m² génère une énergie considérable et transforme le bâtiment en une véritable centrale solaire. Au cours d'une décennie portée par une recherche sur les définitions de l'architecture écologique, l'agence est passée de la réalisation de bâtiments compacts à l'architecture brutaliste, à des bâtiments high-tech jouant avec la transparence. Cette direction est-elle la bonne ? Peut-elle devenir un indicateur pour les réglementations qui se multiplient pour économiser de l'énergie ? La question reste ouverte.

## 3 – RADICALISATION, RECHERCHE D'UNE ARCHITECTURE TECTONIQUE DIALOGUANT AVEC DES MATÉRIAUX ET DES TECHNIQUES CONSTRUCTIVES LOCALISÉS : LE LANGAGE DE LA PIERRE MASSIVE

### 3.a Penser une architecture soutenable pour le bassin méditerranéen

En 1997-98, l'association de Gilles Perraudin avec Françoise-Hélène Jourda prend fin. Des raisons diverses expliquent probablement l'achèvement de cette coopération si prolifique pendant deux décennies. Sans rejeter les bâtiments produits ni les recherches effectuées, Gilles Perraudin a conscience que les projets menés ensemble, jusque-là, ont accordé une prééminence à la technicité, découlant sur une architecture d'enveloppe favorisant la création de bâtiments aux atmosphères intérieures régulées. Si cette architecture répond à des besoins thermiques des pays du Nord de l'Europe, elle ne correspond pas nécessairement à ceux du Sud, dont la partie méditerranéenne de la France. Les utopies des architectes des années 1960 (le dôme géodésique Midtown Manhattan de Buckminster Fuller) et 1970 (le projet d'Arctic City Envelope de Frei Otto) enfermant des morceaux de territoire dans des bulles aux atmosphères contrôlées deviennent des réalités. Même si ici, ce sont plutôt des bulles qui s'inscrivent dans les territoires. Les leçons de Ravéreau recommandant la production de bâtiments situés à partir de matériaux aisément disponibles et de gestes techniques limités se sont délitées au cours des années. Aussi, pour Perraudin, paraît-il essentiel de poursuivre des recherches d'architecture climatique spécifique pour le bassin méditerranéen, suivant une direction plus proche de son éthique écologique et plus conforme à la direction que devrait choisir la société pour promouvoir une architecture soutenable sous tous ses aspects. Une image un peu déformée de la mythologie nous renseigne probablement sur les sentiments de Gilles Perraudin, elle amène aussi à établir des parallèles entre le couple Hermès/Hestia, source inspiratrice de son architecture, et Icare/Dédale : Icare (Hermès), l'enfant, montant vers le ciel malgré les conseils de son père, Dédale (Hestia), l'inventeur observant avec inquiétude cette ascension. Comme l'a expliqué François Jacob dans son ouvrage *La Souris, la Mouche et l'Homme*[8] : « Dédale

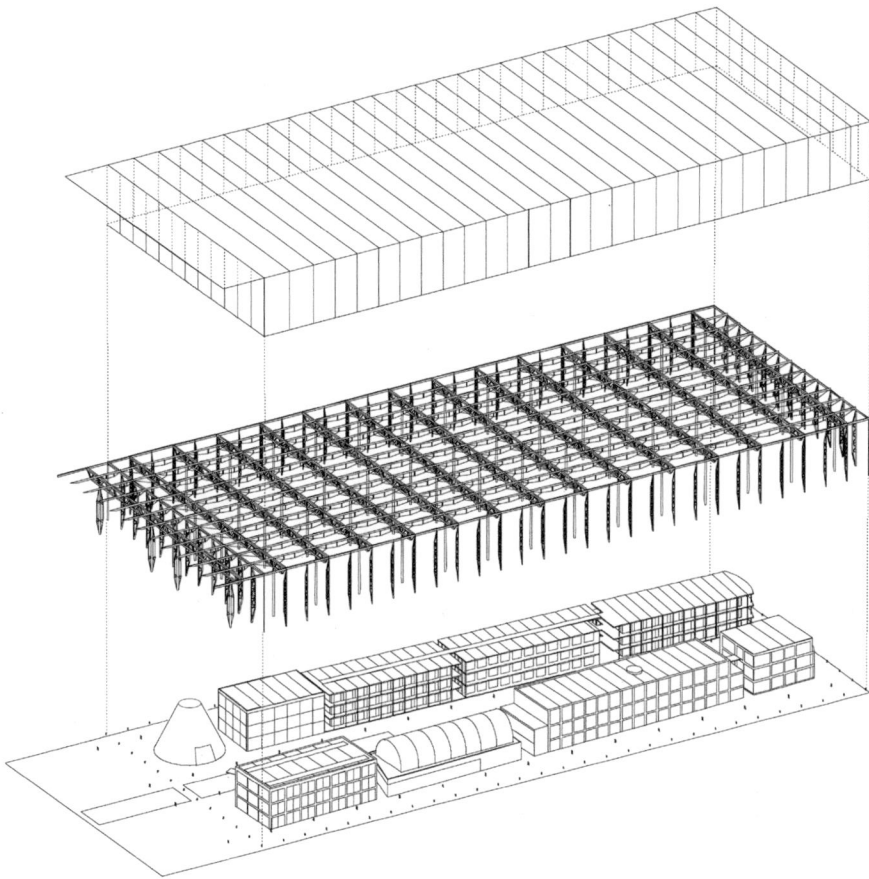

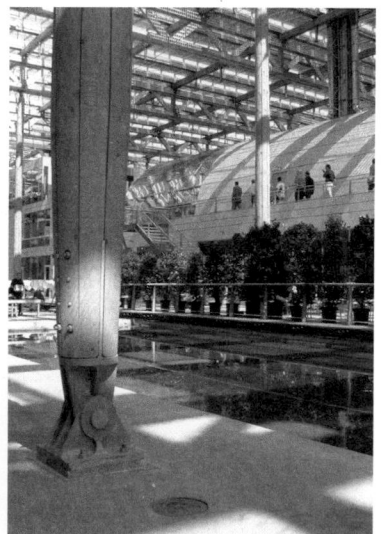

De haut en bas, de gauche à droite :
axonométrie éclatée, façade sud, vue entre la façade
et la bibliothèque, la grande nef, détail

Façade est

incarne la *techné* (la technique) qui permet d'atteindre à la maîtrise du monde... qui permet à ses clients de s'abandonner à leur *hubris*, d'atteindre leurs folles entreprises... En Dédale se profile une science sans conscience... » Gilles Perraudin ne souhaite pas être ce Dédale. Sa réflexion est d'autant plus profonde que les années passant, en France, les règlements thermiques dans le domaine de la construction restreignent de plus en plus strictement la consommation énergétique des bâtiments pour l'utilisation du chauffage, de la ventilation, de la climatisation, de la production d'eau chaude sanitaire et de l'éclairage (RT 1974, RT 1988, RT 2000, RT 2005, RT 2012). Si Gilles Perraudin est bien evidemment favorable à la nécessité de limiter les dépenses énergétiques, il ne se trouve pas, pour autant, partie prenante de cette orientation que prend l'architecture, où les bâtiments sont qualifiés de durables parce qu'ils satisfont principalement à des calculs thermiques, où les enveloppes des bâtiments s'épaississent, se colmatent suivant cette logique de régulation thermique propre au Nord de l'Europe : Allemagne, Angleterre, pays nordiques, etc. Pour lui, l'option méditerranéenne se pose davantage en termes de réponses à trouver face aux chaleurs de l'été qu'au froid de l'hiver justifiant des murs épais pour créer une inertie et des fenêtres de taille réduite. De plus, il soupçonne à juste titre l'industrie de peser sur les choix faits en matière de préoccupations thermiques : choix qui requièrent beaucoup d'énergie en produisant de nombreux déchets à recycler. Selon lui, les questions d'éthique ne peuvent se concevoir sous l'emprise de lobbies manufacturiers qui orientent la dimension politique. Afin de proposer une architecture réellement durable, prenant en compte la qualité de l'habiter, le lien avec le territoire, il faut faire fi de ces différents pouvoirs.

Cette réflexion l'amène à reconsidérer l'utilisation de la pierre massive pour construire. Comment en est-il arrivé là ? Une réflexion étayée par les chocs que provoquent parfois des scènes entrevues comme cette image fugace au détour d'une route, du calepinage d'un mur en pierres massives, monté par un carrossier, probablement pour cacher les carcasses qui s'empilent sur sa propriété, l'exemple de Peter Rice avec son dessin de grande arcade utilisant la pierre pour le Pavillon du Futur, bâtiment gagné par l'équipe espagnole MBM (Martorell, Bohigas et Mackay) dans le cadre de l'exposition universelle de Séville de 1992[9]. Un tour de force pragmatique qui fait comprendre à Gilles Perraudin que la pierre reste un matériau d'actualité.

L'utilisation de la pierre massive pour édifier n'est pas révolutionnaire en soi. Ce matériau a été pendant des siècles et dans de nombreuses cultures largement employé. Un quartier à Lyon comme la Croix-Rousse a été bâti avec ce matériau. Après la seconde guerre mondiale, l'architecte Fernand Pouillon[10] a utilisé des pierres banchées pour les immeubles d'habitation construits en 1948-49 pour les logements de La Tourette, situés au-dessus du Vieux-Port de Marseille. En 1951-55, il emploie également de la pierre de taille de Fontvieille pour un ensemble de logements à Aix-en-Provence. Hélas, l'industrialisation de la construction, l'augmentation des coûts de la main-d'œuvre, la domination du béton entraînent progressivement l'abandon de ce matériau, le cantonnant à des utilisations secondaires décoratives.

Toutefois, pour Perraudin, dans sa recherche de solutions écologiques, la pierre demeure avec le bois et la terre, le matériau du futur : abondant, économique, recyclable à l'infini (ses bâtiments seront des carrières pour les générations à venir), respirant, à changement de phase, ne nécessitant pas de produit chimique ni de production industrielle.

Des qualités intrinsèques s'associant à une évolution des techniques et du prix de la main-d'œuvre militent également pour sa réutilisation comme l'automatisation de l'extraction, la commodité des transports, la mécanisation des chantiers favorisant la construction à sec.

En 1996, la nécessité de construire un chai à Vauvert pour entreposer le vin produit par quelques arpents qu'il achète, lui offre l'opportunité de pousser son idée plus en avant. Dans sa quête pour utiliser la pierre d'une manière contemporaine, il profite d'un moyen de levage actuel aisément disponible : la petite grue. Il peut ainsi facilement employer dans sa construction des blocs de taille importante utilisant pour module les dimensions : 210 par 105 par 52,5 centimètres pour un poids de 2,5 tonnes. Le plan du chai est très simple : un carré d'environ 30 mètres de côté avec un patio au centre inspiré par les habitations romaines. Des travées de 5 mètres calibrées sur l'utilisation des blocs de pierre et des poutres en bois massif pour soutenir la toiture. Le résultat est édifiant : uniquement trois semaines de chantier suffiront pour monter les 300 blocs, un confort thermique de qualité pour préserver le vin, grâce à l'inertie des blocs de pierre, mais également grâce à une couche de terre en toiture et à la présence de brises marines provenant de la mer Méditerranée. Au niveau projectif, une évolution importante a pris corps dans la pensée de Gilles Perraudin. Dans ce bâtiment, l'utilisation du matériau dicte largement les choix architecturaux. Plutôt que de proposer un bâtiment à la forme décidée par un concept abstrait, le créateur a « écouté » la pierre, ses mises en œuvre potentielles avec celles des poutres de bois pour définir l'architecture. C'est la voie des matériaux qui s'accompagne du retour de la stéréotomie, outil de projection et de réalisation obligatoire dans les plans de l'agence. Les dessins en plan, coupe, axonométrie rappellent ceux des ouvrages de Choisy. Progressivement, les détails, toujours aussi soigneusement étudiés, énonciateurs d'une architecture savante dans ses précédents bâtiments, tendent à disparaître, à se confondre avec l'enveloppe. La maîtrise ultime de la technique s'affirme dans l'oubli de leur présence, dans leur invisibilité. Qui, en regardant le complexe funéraire de Saqqarah s'interrogerait sur la réalisation des détails techniques affrontés par Imhotep et son équipe lors de la construction des pyramides à degrés ? Et, pourtant... comme l'explique Philippe Potié à Vauvert : « Retrouvant une démarche proche du minimalisme, la matière élémentaire devient l'argument du projet, chaque pierre énonçant, en même temps que sa nature physique, son principe d'assemblage. Le rythme naît du respect de cette simple règle : rythme de la ‹ colonnade › et des ouvertures, rythme de l'appareillage des murs aveugles.[11] » La lumière comme définition de l'architecture reprend ses droits dans ces volumes simples. Les échelles qui dialoguent entre les masses de pierre imposantes et l'espace modeste, les parties et le tout qui s'effacent, donnent à cette architecture un caractère intemporel tout en étant humain. Le temps s'arrête, le silence domine. Est-ce Hestia qui commande ? Hermès pourrait-il se contenter de voyager au plus profond de nous et ne pas nécessiter de longues distances accompagnées de transparence ? L'architecture aurait-elle pour finalité de nous initier à ce voyage intérieur de l'être ? La dualité Hestia/Hermès serait-elle transcendée ? Dans cette architecture la question écologique devient primordiale car au-delà de la forme ce sont bien les qualités de l'atmosphère des espaces qui pénètrent le corps et les sens du visiteur. Par là l'architecture retrouve sa fonction première.

Le succès de cette expérience pousse Gilles Perraudin à s'interroger sur l'utilisation de la pierre pour des bâtiments publics et d'habitation qu'il développe par la suite.

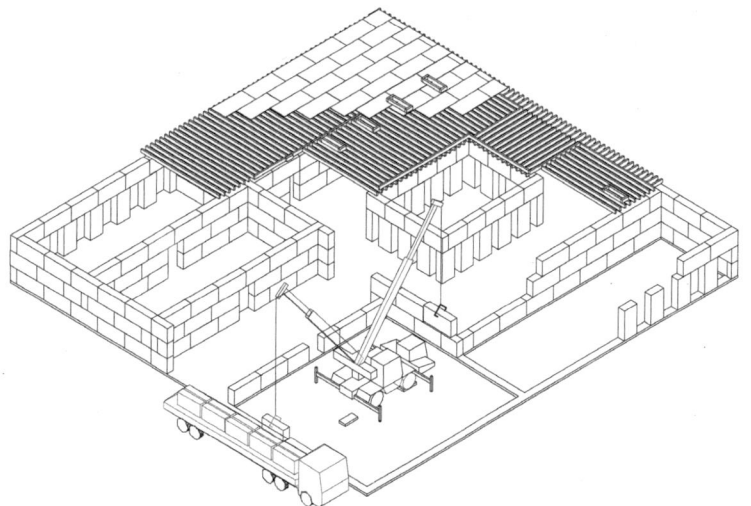

Façade est, patio, chai,
trois phases de la construction,
axonométrie écorchée

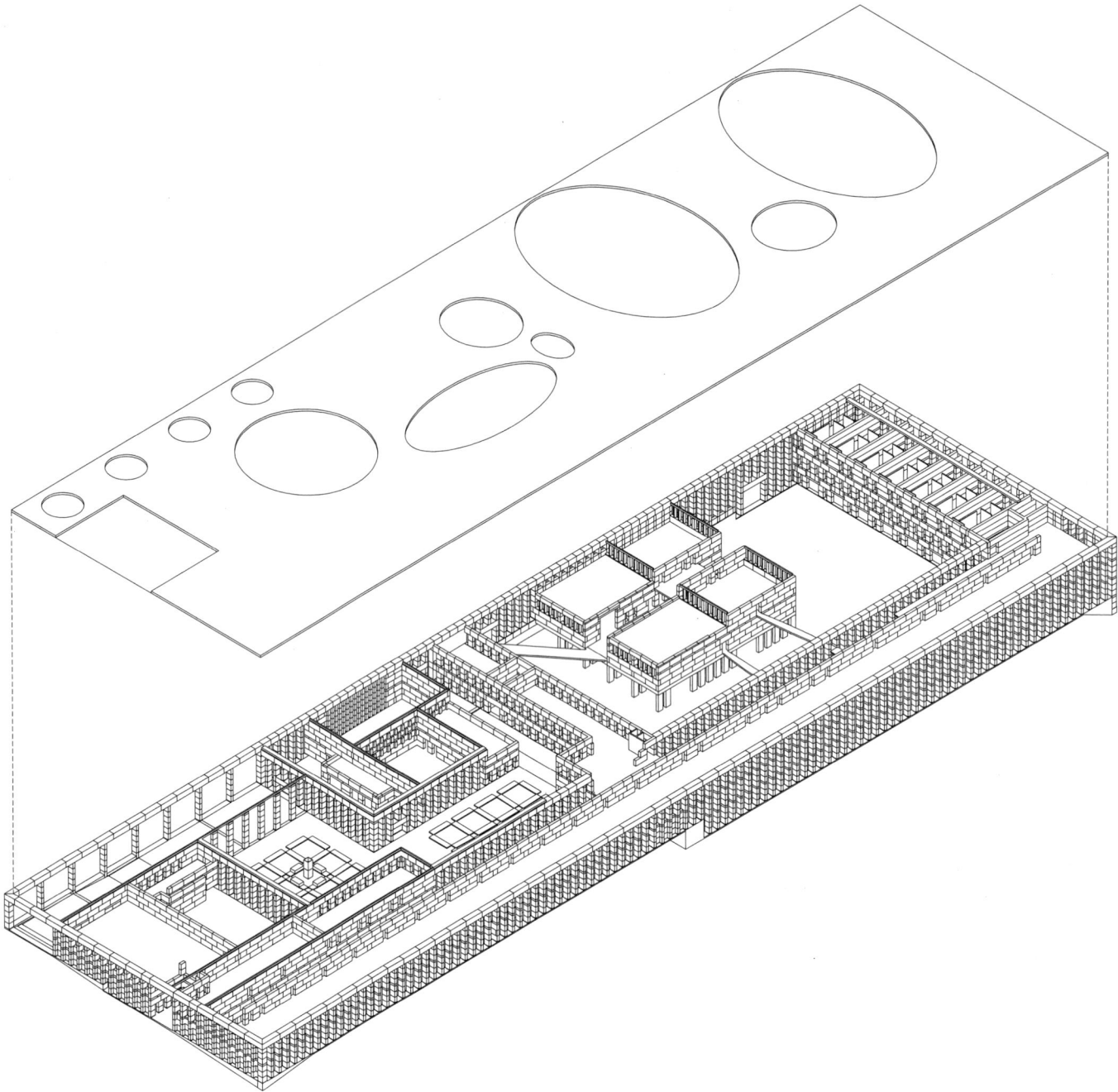

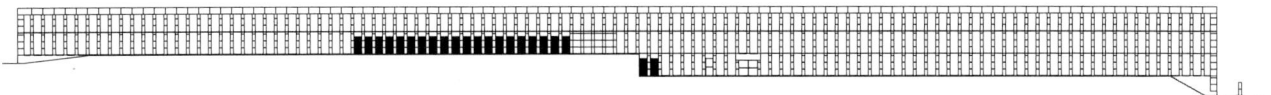

Axonométrie décomposée,
façades nord-ouest et sud-est

0      10

Pour le collège de Vauvert, il reprend le principe d'une enveloppe microclimatique ceinturant le bâtiment surplombée par une toiture unitaire lourde découpée par de larges ouvertures. À l'intérieur de l'enceinte, on trouve les unités fonctionnelles et des espaces extérieurs largement protégés du soleil qui s'interpénètrent. Cette proposition pensée avec des murs entièrement en pierres massives est le pendant du bâtiment de Herne en Allemagne pour le climat méditerranéen, elle offre une architecture aux atmosphères variées jouant sur les qualités d'ombrage et de fraîcheur.

## 3. b   Programmes variés et développement de l'utilisation de la pierre

Le collège de Vauvert, projet ambitieux, ne voit toutefois jamais le jour malgré des études approfondies. Cependant, de nombreuses réalisations aux programmes divers vont suivre et seront réalisées comme le centre de formation des apprentis de Marguerittes vers Nîmes (1999-2001), le chai du monastère de Solan avec son atelier de confiture (2002-07), une maison associée à une galerie d'art à la Croix-Rousse (2006-10) ou encore des logements sociaux à Cornebarrieu (2006-11). Elles forment autant de démonstrations pour inscrire l'utilisation de la pierre comme une réponse potentielle aux demandes réglementaires et fonctionnelles actuelles d'une architecture soutenable, et pour prouver que son emploi est économiquement viable. Elles sont aussi autant de chemins pour faciliter la quête chez Gilles Perraudin de « la voie » de ce matériau.

Le centre de formation des apprentis offre à Perraudin l'opportunité de développer une utilisation de la pierre dans la réalisation d'un bâtiment public et d'en montrer toute sa contemporanéité. Pour se protéger du mistral, le principe d'organisation du projet s'appuie sur la fragmentation. Une enceinte unitaire carrée encercle l'ensemble des différents corps de bâtiments rectangulaires, avec entre eux des cours, patios qui favorisent des microclimats. Pour assurer les niveaux thermiques requis pour de tels bâtiments, les murs sont conçus à partir de blocs de 50 centimètres en pierre de Vers-Pont-du-Gard. Les fenêtres en acier sont dans le prolongement de ceux-ci.

La maison de la Croix-Rousse démontre la possibilité d'employer la pierre pour une construction privée en centre-ville. L'architecte oppose l'extérieur régulé par l'extrême rigueur réglementaire imposée par les contraintes liées au site (l'implantation dans la cour d'un immeuble) avec l'intérieur du bâtiment qu'il a voulu, au contraire, d'une grande fluidité. En reprenant les principes de Kahn des espaces servants et servis, en jouant sur des directions anguleuses, il crée des épaisseurs spatiales, des blocs servants où se logent wc, buanderie, salle de bain, rangements, etc. et entre lesquels l'espace de vie s'insinue. Grâce à la lumière qui s'infiltre par les ouvertures, la massivité des murs disparaît et seule subsiste leur présence matérielle. C'est assurément la démonstration d'une autre forme d'espace libre tant recherchée par les architectes modernes. Une forme d'espace libre où l'être de l'habitant tout en s'affranchissant des limites, se sent tout de même protégé par la présence matérielle des murs environnants en blocs de pierre.

Dans les logements de la ZAC Monges à Cornebarrieu, le budget du logement social commande la nécessité d'une architecture essentielle. Les bâtiments s'inscrivent dans deux volumes rectangulaires axés suivant l'orientation héliothermique privilégiée nord/sud et nord-ouest/sud-est. À l'intérieur, se répartissent des appartements traversant avec des balcons-patios sur les façades principales pour se protéger du soleil. L'utilisation de la pierre se combine ici à la chaleur des menuiseries en bois et à l'isolation thermique et acoustique en liège. Sur les toits, la présence de toitures végétalisées et de panneaux photovoltaïques complète, avec le bassin de rétention, les dispositifs environnementaux et permet à ce bâtiment d'être labélisé HQE. Ici, Gilles Perraudin démontre l'intérêt de la pierre pour édifier des constructions aux coûts limités.

Dans le monastère de Solan, si les contraintes techniques sont moindres, la rigueur reste de mise et rejoint le spirituel. Les alignements réguliers de pierres dressées en façades avec, entre elles, de légères fentes, créent des jeux de lumières verticaux. Tout au long de la journée et des saisons, ils scandent la vie des moniales et dialoguent avec elles, accompagnant et questionnant leur méditation. Ils associent dans un seul lieu la terre au ciel, Hestia à Hermès. Ils favorisent aussi les méditations personnelles de l'architecte sur l'architecture, l'ordre des choses. Ses pensées rejoignent celles du moine cistercien Guillaume Balz terminant l'abbaye du Thoronet dans l'ouvrage de Fernand Pouillon : *Les pierres sauvages*.

Souhaiter valoriser les lieux en prenant en compte la diversité des matériaux et des savoirs constructifs selon les localités, invite naturellement à diversifier les options : pas question de s'appuyer exclusivement sur la pierre. La maison du conseil général de l'Isère actuellement en cours est un bon exemple pour comprendre comment Gilles Perraudin imagine cette quête. Lorsque l'on observe la forme de l'édifice : pas d'étrangeté, pas de formes excessives. Le bâtiment qui compte un rez-de-chaussée plus sept étages, se compose d'un noyau en béton qui favorise l'inertie du bâtiment et contient les circulations. La façade du rez-de chaussée sur rue utilise la pierre régionale de Montalieu, celle des étages ainsi que les différents planchers et la charpente emploient du bois de Chartreuse. Ici, la force de l'architecture est à chercher dans cette réponse minimale, cette non-forme, où l'architecte inventorie et utilise le possible local. Cette démarche associative, même si elle se manifeste d'une manière très différente, suite à un long parcours professionnel d'une grande richesse, fait écho aux réflexions du jeune Gilles Perraudin lorsqu'il finissait ses études et proposait un diplôme d'architecte ayant pour thème la participation des habitants.

## 3.c   Pour conclure : quel rôle pour Dédale ?

Dans notre période actuelle – où le développement durable est devenu un sujet de première importance, afin de préserver la planète et le patrimoine des générations futures – les choix architecturaux actuels de Gilles Perraudin, pionnier dans le développement d'une architecture économe en énergie en France, sont des éléments importants de réflexion. Par la quête d'une pratique fondée sur l'essentiel, il interroge la pratique du métier d'architecte. Quel doit-être le rôle de Dédale, dans quelle direction doit-il investir son énergie créatrice ? En quoi la création doit-elle s'abstenir d'être un faire-valoir de l'ego du professionnel, de promouvoir une technologie sans limite, voire la fabrication de formes débridées gaspillant les ressources ? Assurément, une attitude plus immanente s'impose favorisant une certaine disparition de l'ego et de la subjectivité de l'architecte. Sans associer l'architecte à l'artisan, comme l'a argumenté Alberti, comment faut-il repenser leur partenariat ? L'objectif n'est pas de promouvoir un pastiche d'architecture passée, ce que Bernard Rudofsky a appelé l'architecture vernaculaire, spontanée, l'architecture sans architecte, mais de proposer une

Vue aérienne du site en construction,
espace interstitiel, vue sur l'entrée,
rue intérieure, bibliothèque

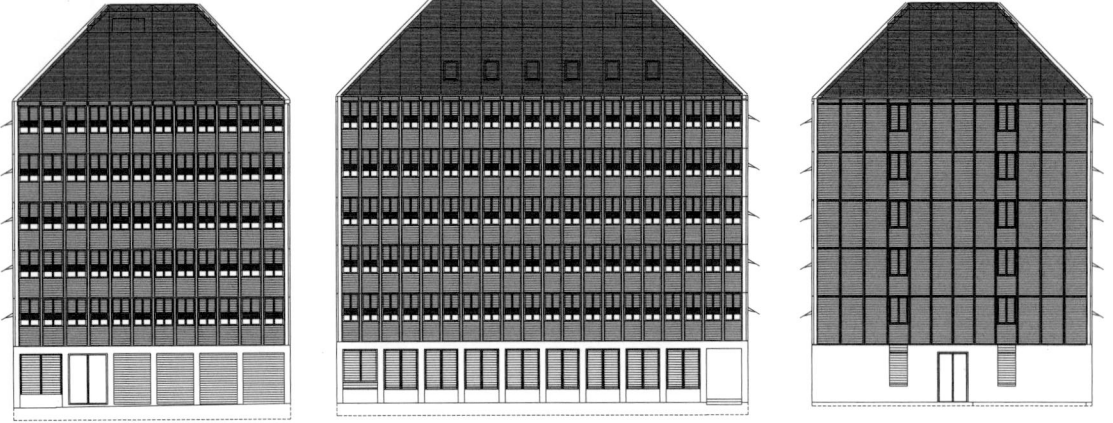

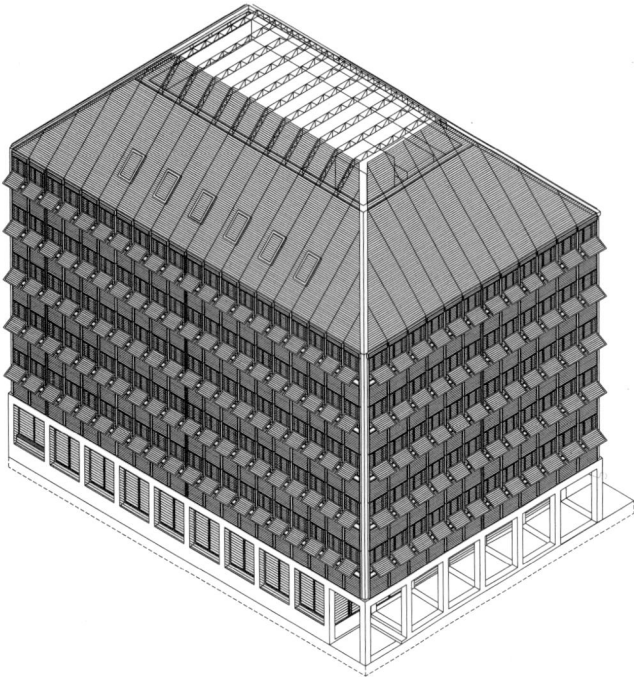

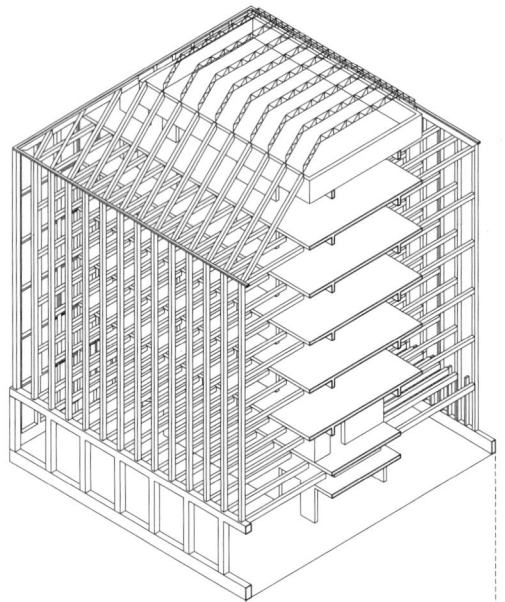

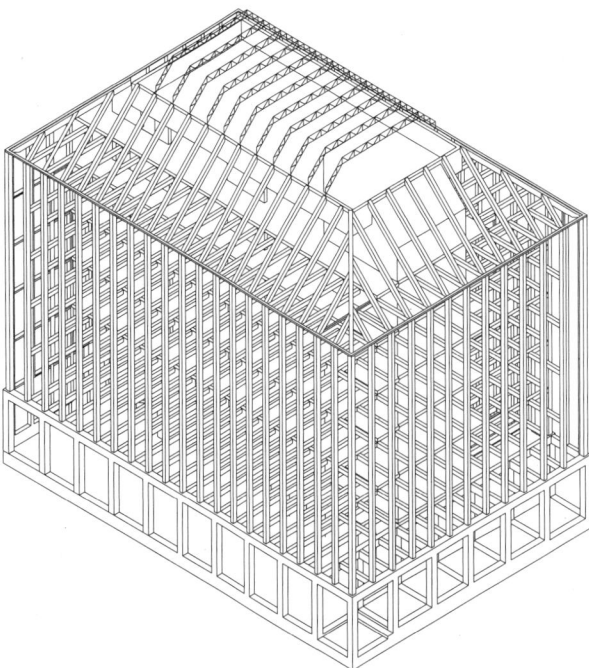

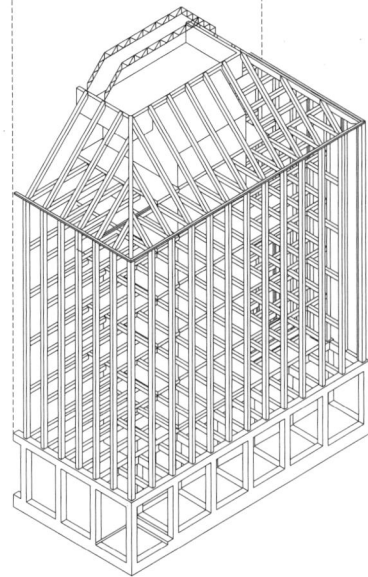

Façades sud, ouest et nord,
isométrie sud-ouest,
principe structure bois,
coupe isométrique

0 1
| |

nouvelle architecture vernaculaire « d'avant garde », critique. En ce sens, la démarche de Gilles Perraudin « se propose de retrouver une dimension tectonique de l'architecture : une architecture profondément influencée par son contexte aussi bien physique, géographique, climatique, que culturel au travers notamment des cultures constructives qu'elle utilise. [12] » Dépassant la réduction d'une définition de l'architecture durable réduite à la simple maîtrise de l'énergie, il questionne l'importance des qualités d'une architecture en les associant non pas à sa forme, mais à la douceur des différentes atmosphères de ses espaces[13] ; des atmosphères qui se régulent en fonction des moments de la journée et de l'année au rythme des *habitus* et inversement que les habitants se doivent aussi de réguler en fonction de leurs habitudes. Assurément ses choix actuels ne signifient pas le rejet de son travail passé, mais une forme d'aboutissement de son parcours. L'objectif n'est pas un retour en arrière, un simple rejet de la modernité, des progrès techniques qui ont permis une émancipation des sociétés, mais une quête pour dépasser la modernité, réorienter les progrès techniques.

Ainsi, Perraudin favorise une approche herméneutique sensible aux cultures, savoir-faire, territoires et matériaux locaux. Son attitude questionne la fonction de l'architecte. Elle peut sembler extrême face à la tendance actuelle qui enferme les édifices dans des enveloppes réglementaires uniformes, où hélas souvent les architectes revendiquent un style, une architecture, une signature. Toutefois, Perraudin n'est pas seul : d'autres architectes, reconnus actuellement dans le monde, expérimentent aussi cette voie de diverses manières comme par exemple Ana Herringer, Martin Rauch ou Wang Shu en Chine avec son atelier Amateur Architecture Studio.

Repenser nos attitudes, nos logiques, nos savoirs, éclairer les techniques et moins les images, « agir sans préalable », Gilles Perraudin est-il cet architecte sans architecture, comme ironiquement il finit par le prétendre ? Sûrement pas ! Plutôt architecte passeur de savoirs, catalyseur de techniques adaptées aux matériaux et modes de vie, désireux de promouvoir des sociétés durables où l'acte de construire une architecture contemporaine vernaculaire est un acte créatif respectant les existences locales.

---

1. André Ravéreau cité par Hassan Fathy, « De l'implicite en architecture (aphorismes) », in *André Ravéreau, Le M'Zab une leçon d'architecture*, Sindbad/Actes Sud, Arles (1981), 2001, p. 12.

2. *Op. cit.*, p. 9.

3. Sur l'histoire de l'architecte voir : André Ravéreau, Vincent Bertaud du Chazaud et Maya Ravéreau, *Du local à l'universel*, éd. Du Linteau, Paris, 2007.

4. Gilles Perraudin, « André Ravéreau : une leçon d'architecture », *Lettre du conseil d'architecture, d'urbanisme et de l'environnement du Rhône*, n° 36, novembre 2005, N. P.

5. Éd. du Chêne, Paris, 1977.

6. Texte de Gilles Perraudin, « La pierre : matériau écologique », Université Languedoc-Roussillon, avril 2004. *www.utexas.edu/cola/insts/france-ut/_files/pdf/resources/perraudin.pdf*

7. *Le débat*, n° 65, Gallimard, Paris, 1991, p. 4.

8. Éd. Odile Jacob, Paris, 1997.

9. Pour une explication du Pavillon du futur et du travail de Peter Rice, voir l'ouvrage d'André Brown, *Peter Rice*, coll. Engineer's Contribution to Architecture, Thomas Telford Ltd, Londres, 2001, p. 146 et celui publié par le Moniteur : *Peter Rice mémoires d'un ingénieur*, Paris, 1999.

10. Pour comprendre les pensée architecturales de Fernand Pouillon, il est possible de lire son roman, *Les Pierres sauvages*, éd. du Seuil, coll. Cadre rouge, Paris (1964), 2006.

11. Philippe Potié, « Tectonique des blocs », in *Scrittura della pietra*, 2001, cité dans « La pierre : matériau écologique », *op. cit.*, N. P.

12. « La pierre : matériau écologique », *op. cit.*, N. P.

13. Sur ce sujet, on lira avec intérêt les réflexions de Philippe Rahm souhaitant dépasser les fonctions et les formes pour proposer des climats à habiter. *Architecture Météorologique*, coll. Crossborders, Archibooks, Paris, 2009.

PRÉCIS

## QUATRE BÂTIMENTS EN DÉTAIL

# CHAI VITICOLE DE SOLAN,
# LA BASTIDE-D'ENGRAS, GARD

Cuverie, chai de vieillissement, stockage, atelier de confiture,
atelier de travaux collectifs, bureaux, vestiaires, séchoir

études . . . 2002-05
livraison . . 2005-07
shon . . . . . 1 000 m²

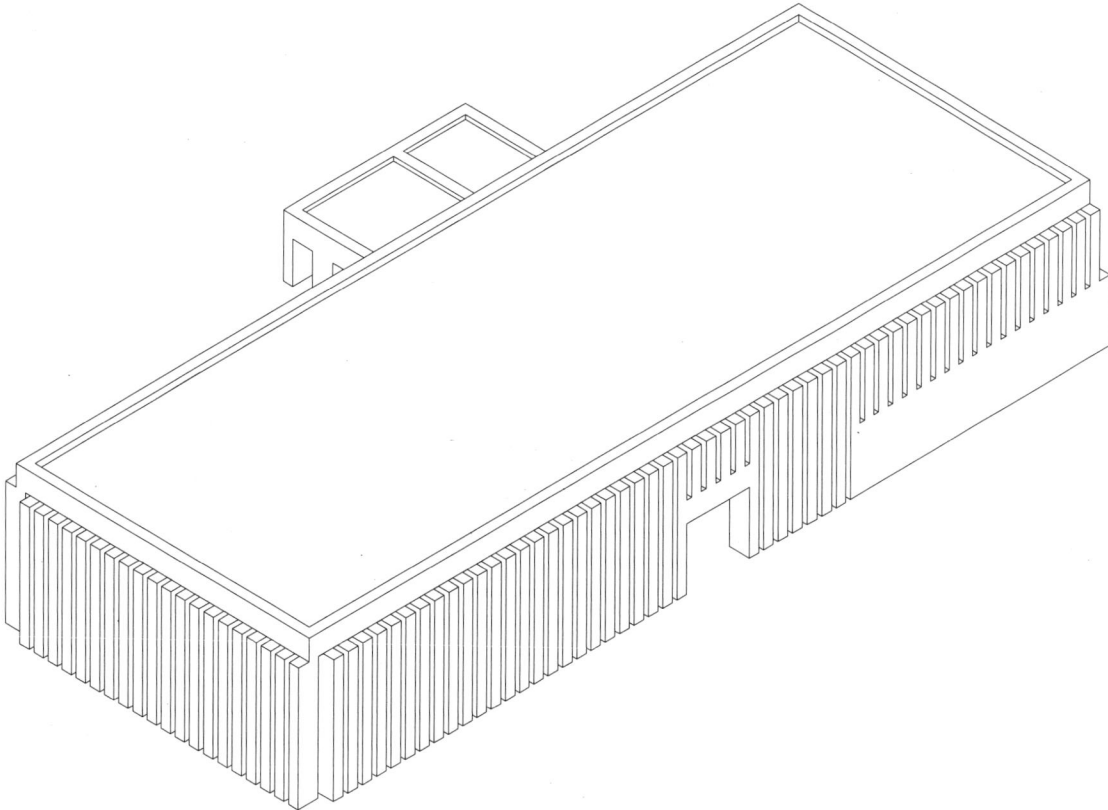

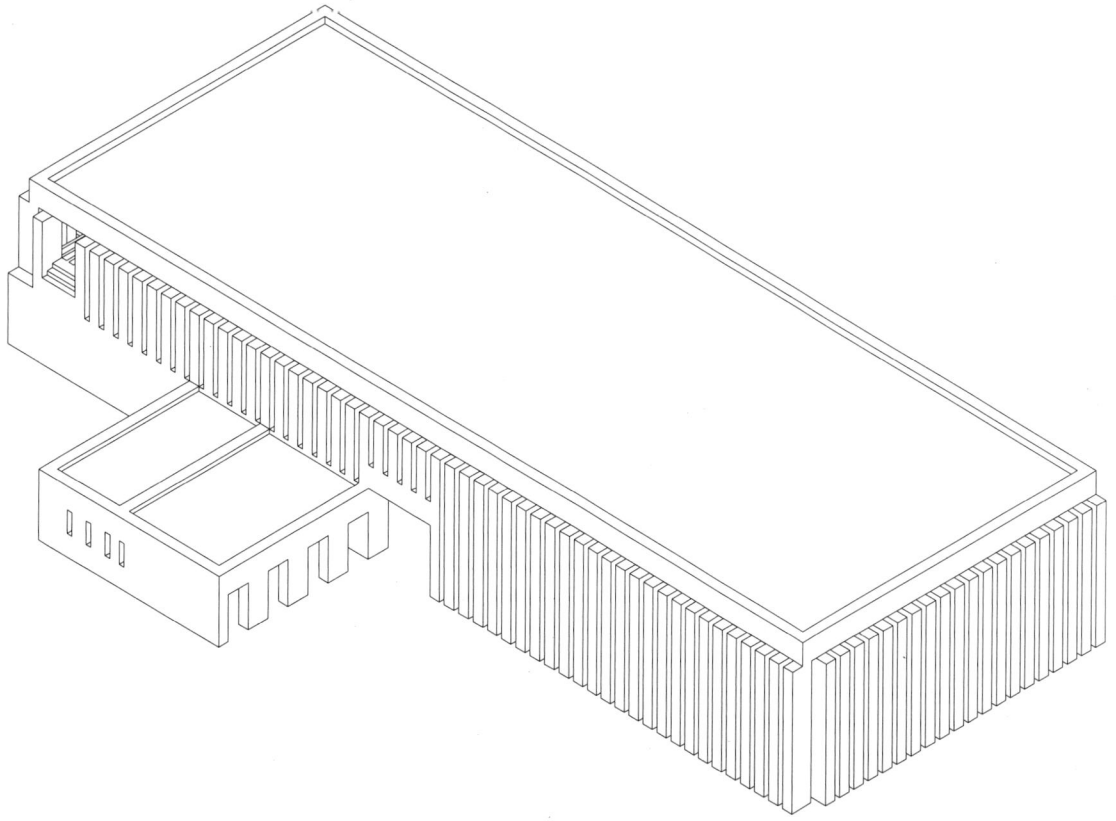

Axonométrie sud-ouest,
axonométrie nord-est

0 1
| |

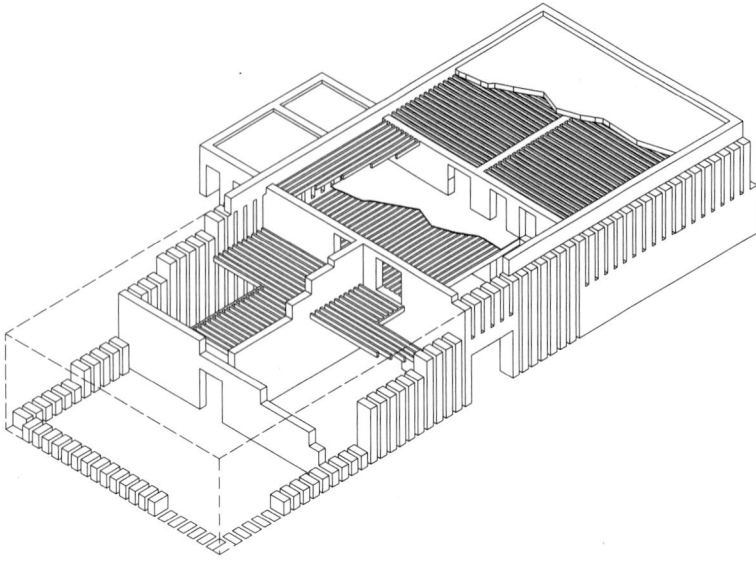

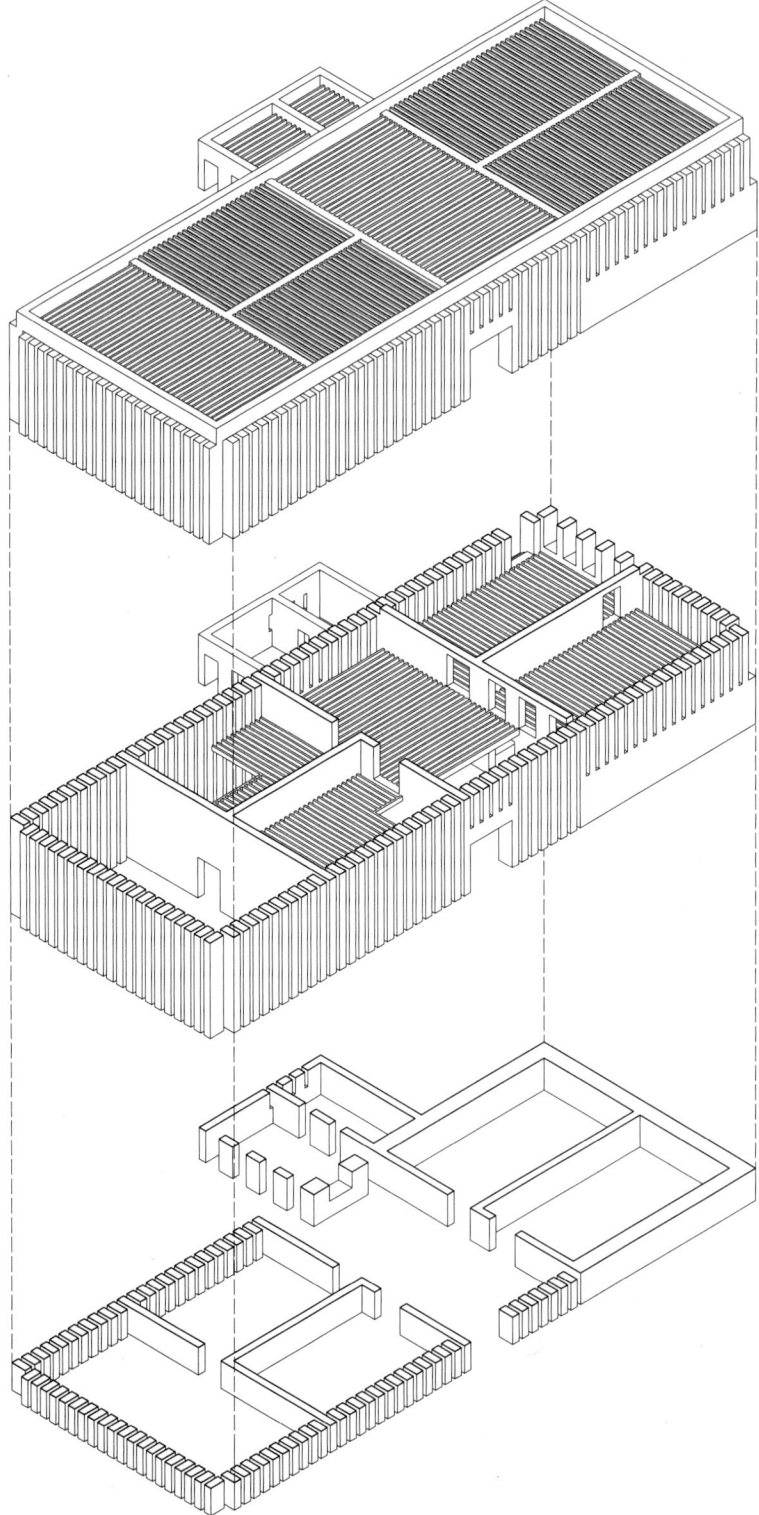

Axonométrie écorchée,
axonométrie par niveaux

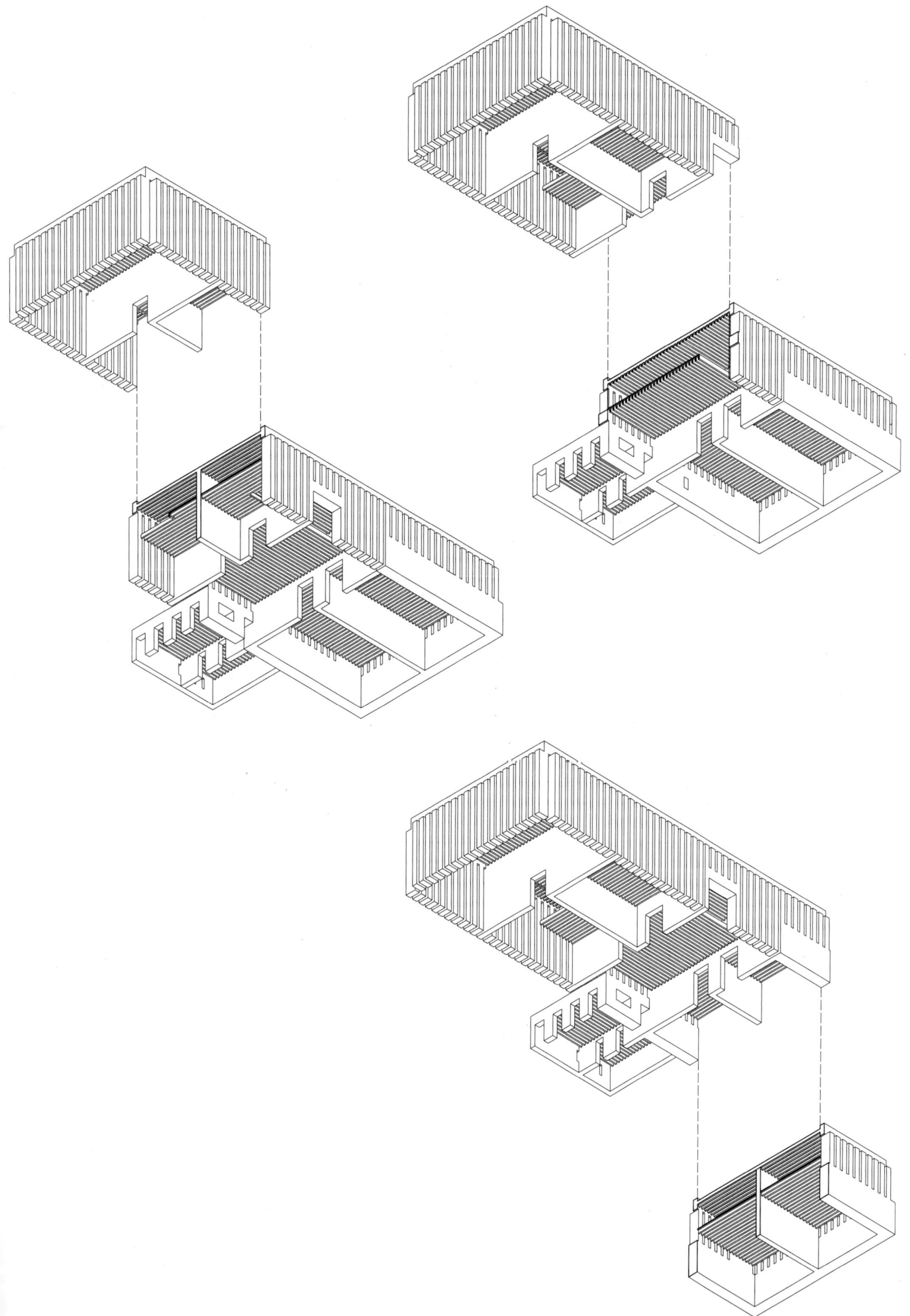

Coupes axonométriques en contre-plongée,
de gauche à droite : sur atelier confiturerie et stockage,
sur espace central et séchage raisin,
sur cuverie et chai à barriques

N

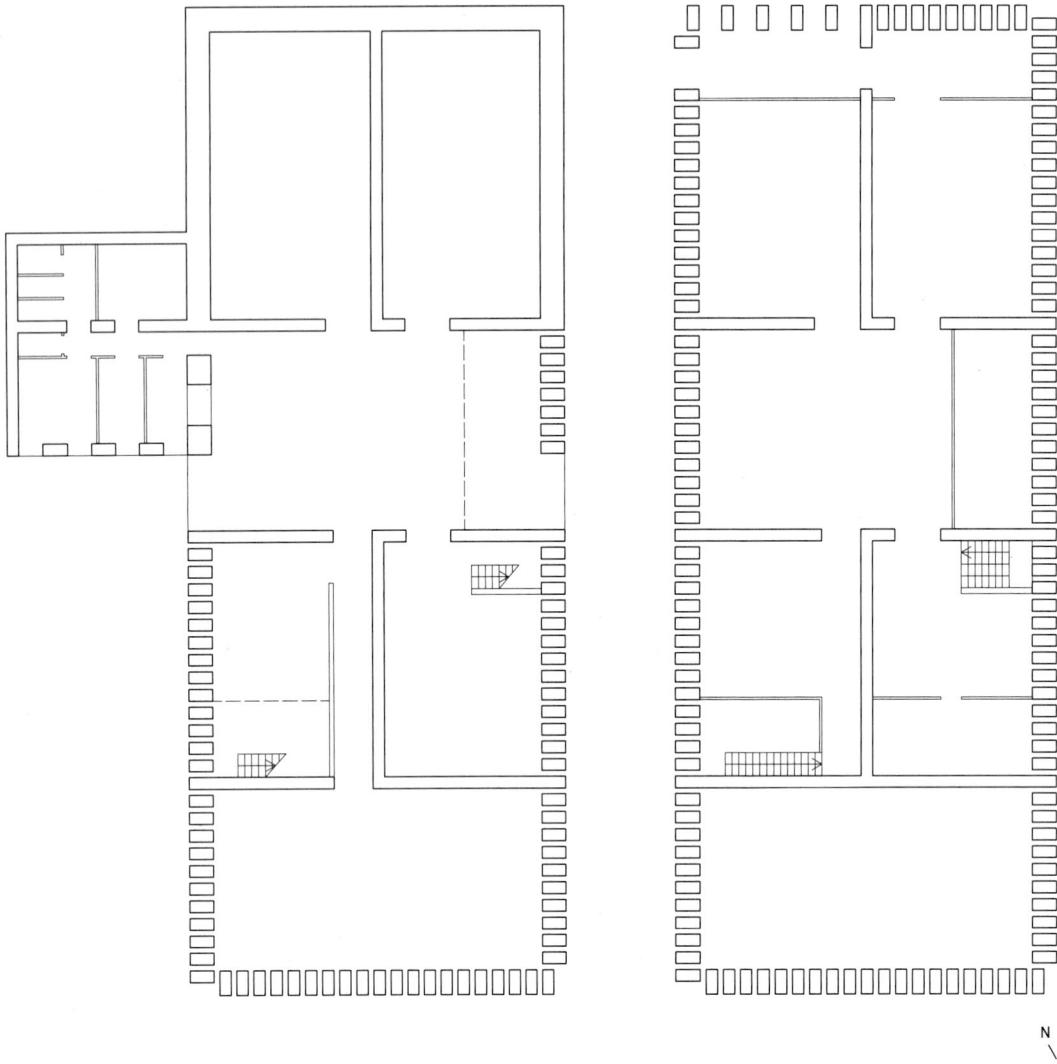

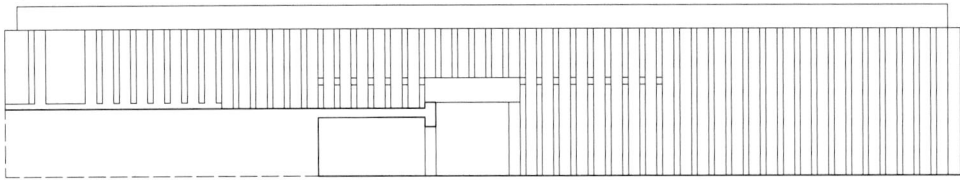

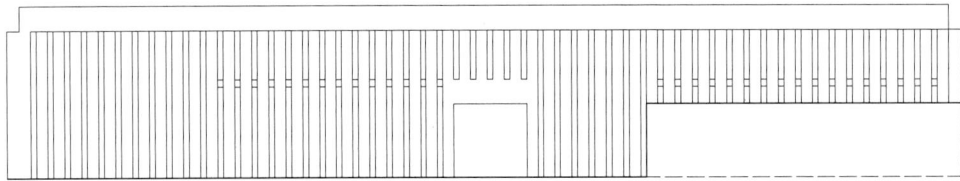

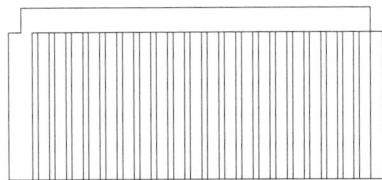

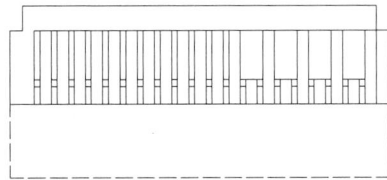

Plans rez-de-chausée, étage,
façades nord, sud, ouest, est

0 1

Façade est

Liaison entre l'existant et le nouveau chai

Entrée nord

Chai à barriques

Espace central de travail ouvert au sud

Façade sud

# MAISON ET GALERIE D'ART
# LYON, RHÔNE

Maison d'habitation, galerie d'art et couloir de nage

études . . . 2006-08
livraison . . 2010
shon . . . . . 250 m²
extérieur . 100 m²

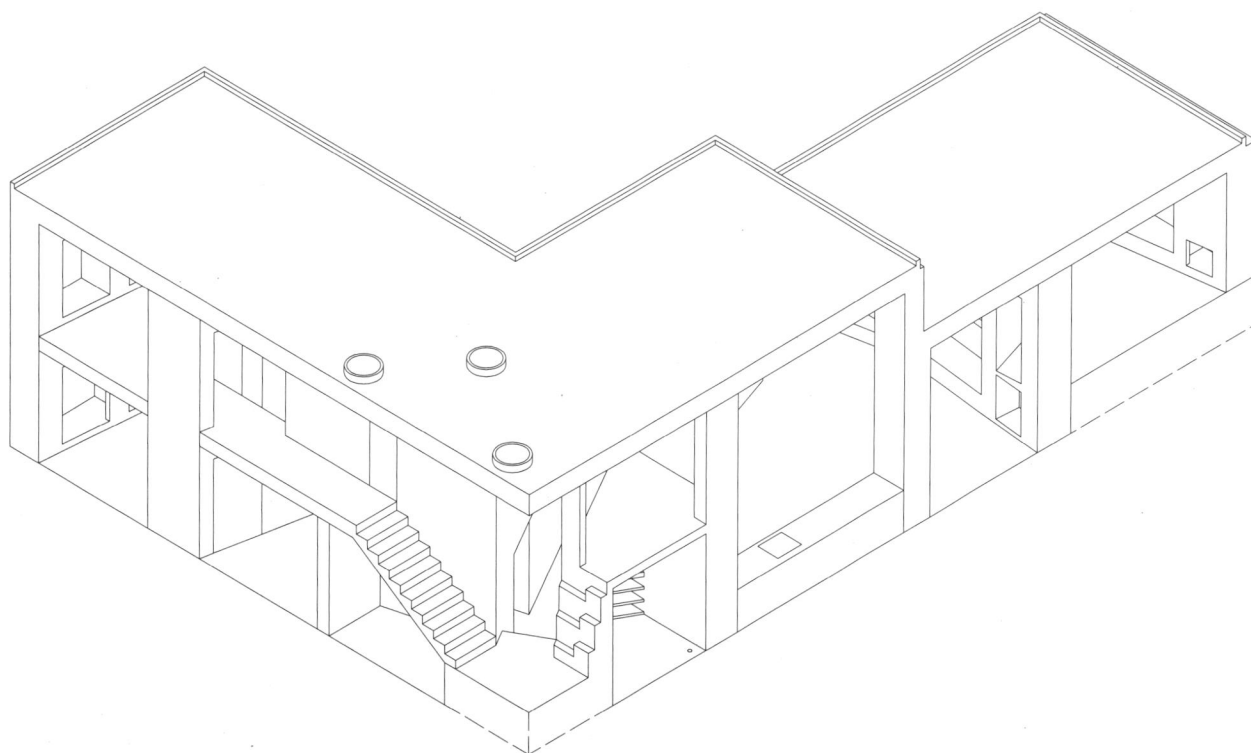

Axonométrie sud-ouest,
axonométrie nord-est (bâtiments mitoyens supprimés)

0   1

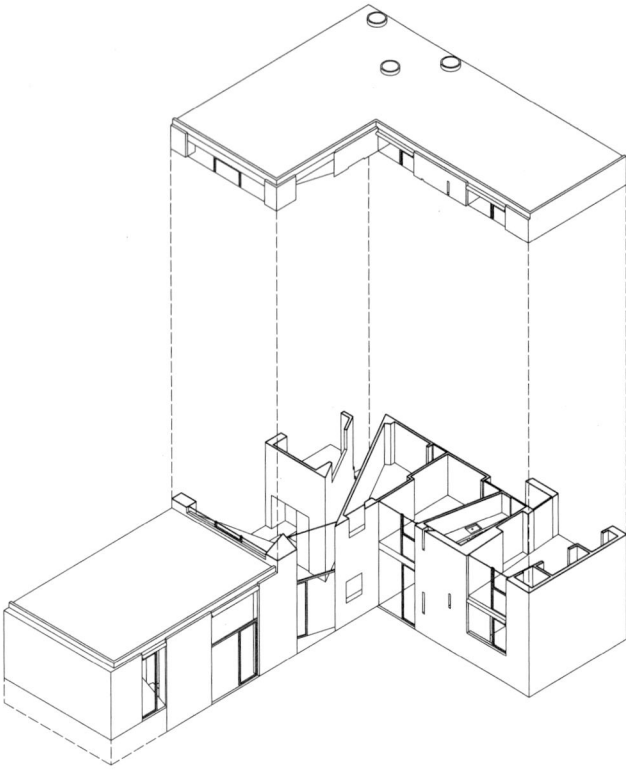

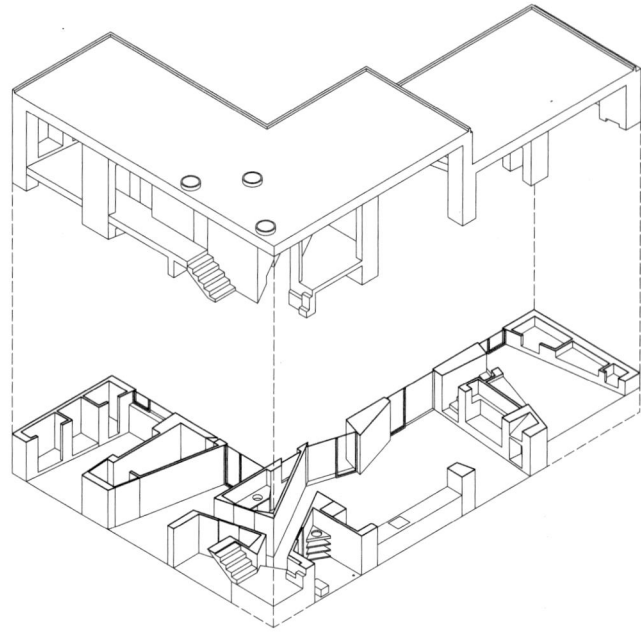

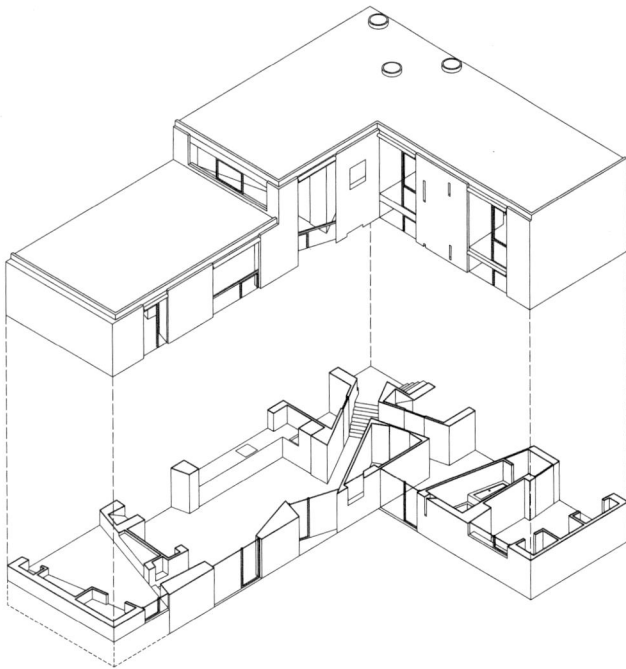

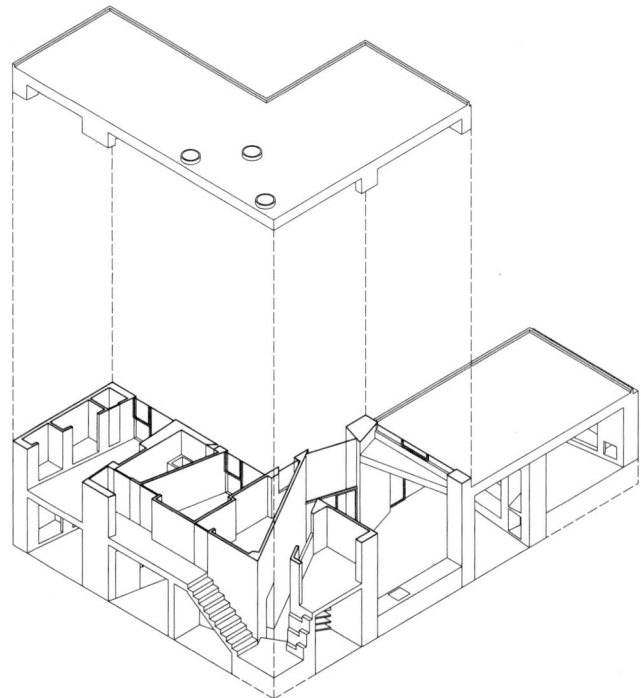

Ci-dessus :
plans isométriques sud-ouest
premier étage, rez-de-jardin

À droite :
plans isométriques nord-est
premier étage, rez-de-jardin

0  1
|  |

A

B

C

D

E          F          G

H

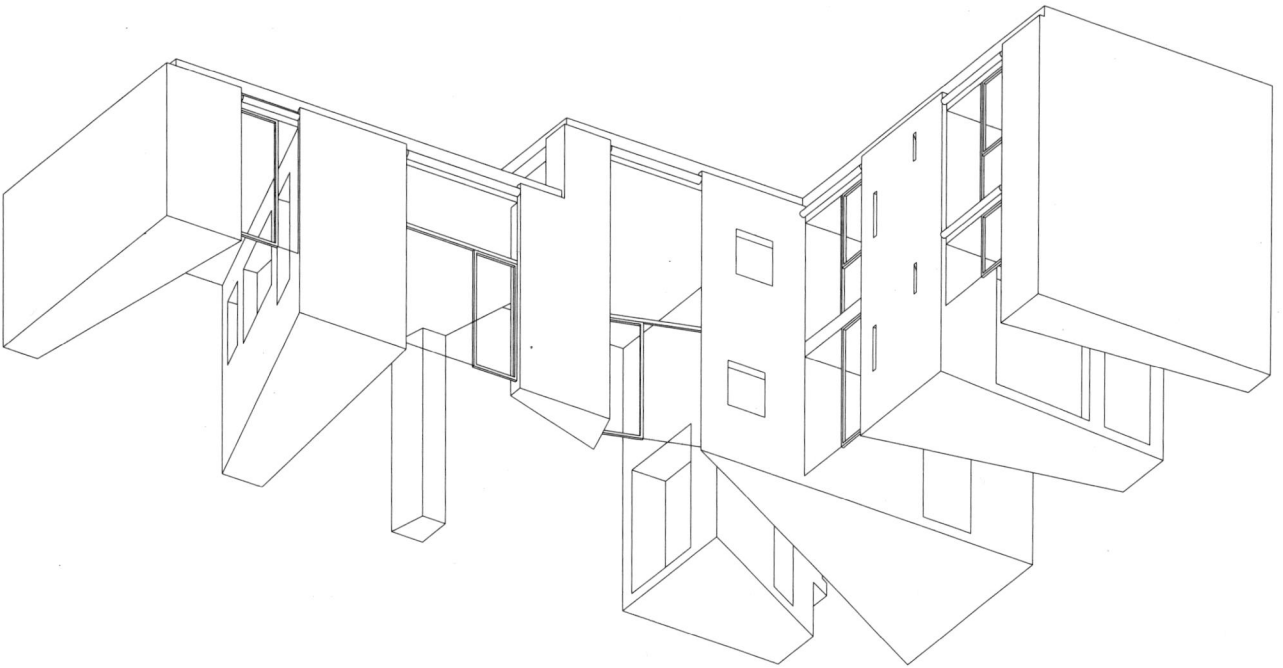

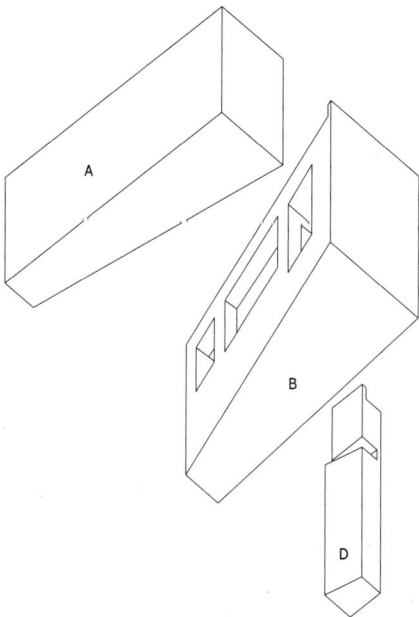

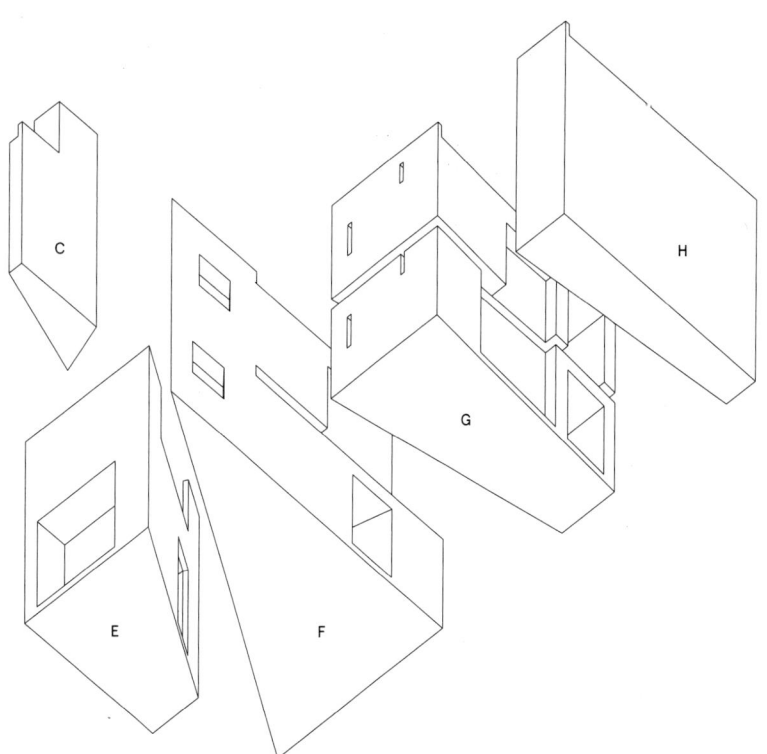

Isométries en contre-plongée :
blocs servants et parois vitrées,
blocs servants seuls

0     1

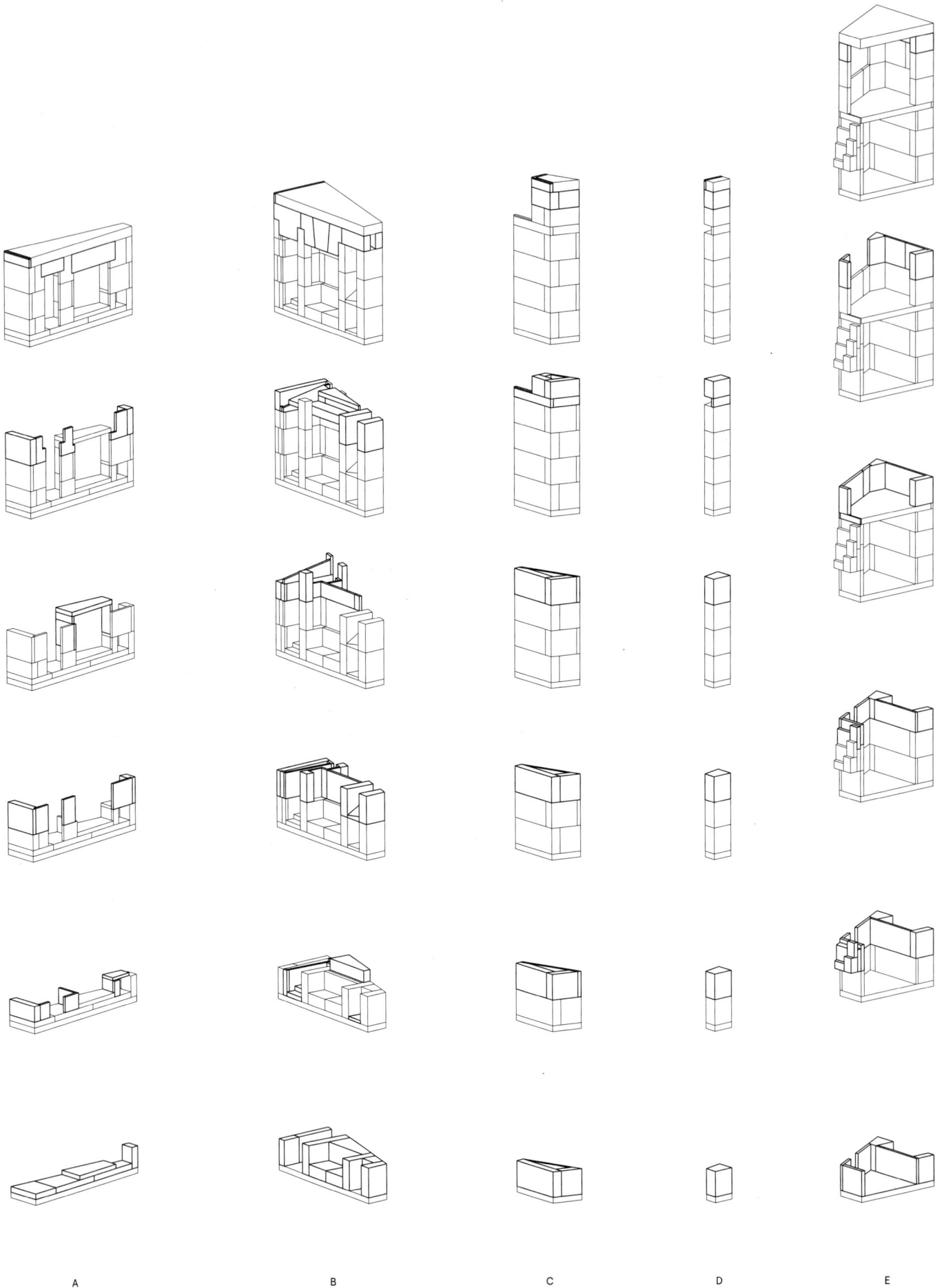

A          B          C          D          E

Décomposition des calepinages de chaque bloc servant
depuis le sol jusqu'à leur édification complète

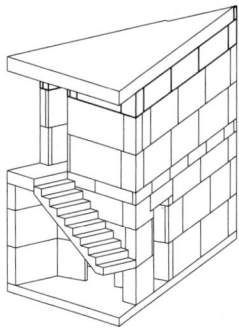

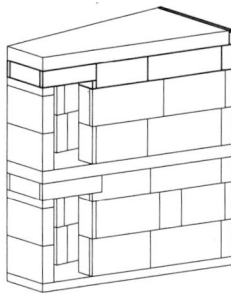

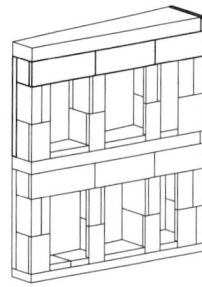

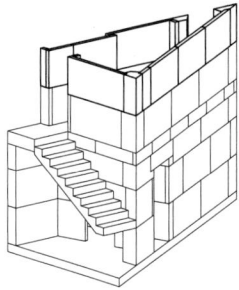

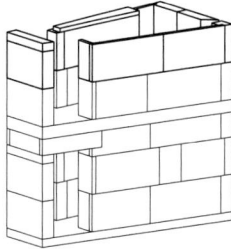

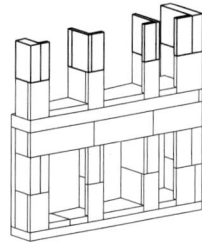

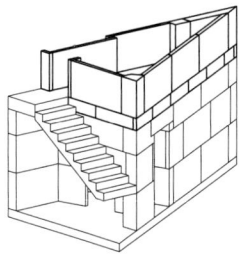

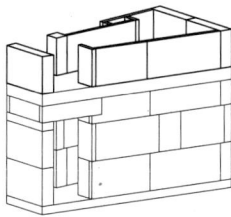

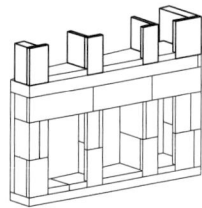

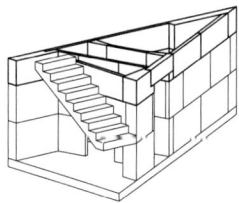

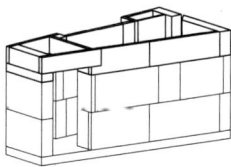

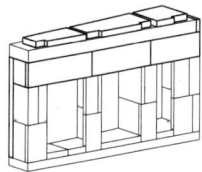

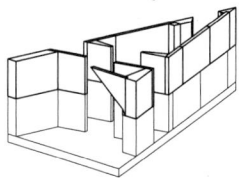

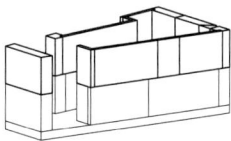

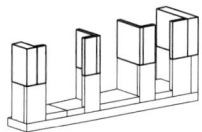

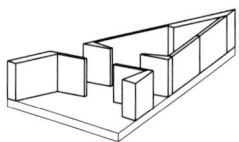

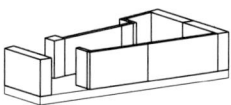

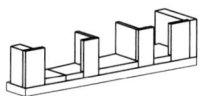

F          G          H

0     1

N

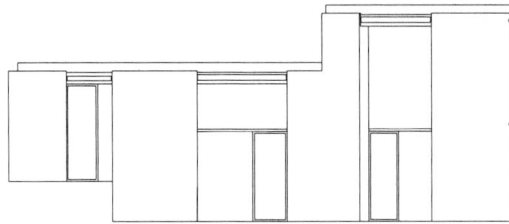

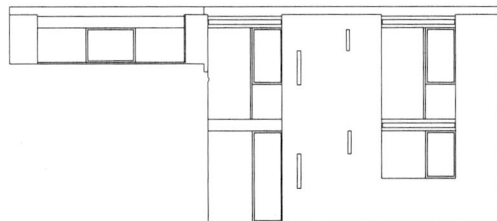

Plans étage, rez-de-jardin,
façades sud, ouest                      0   1

Entrée

Vers le séjour

Séjour

Séjour, cuisine et repas

Salle de bain, chambre,
bureau, chambre

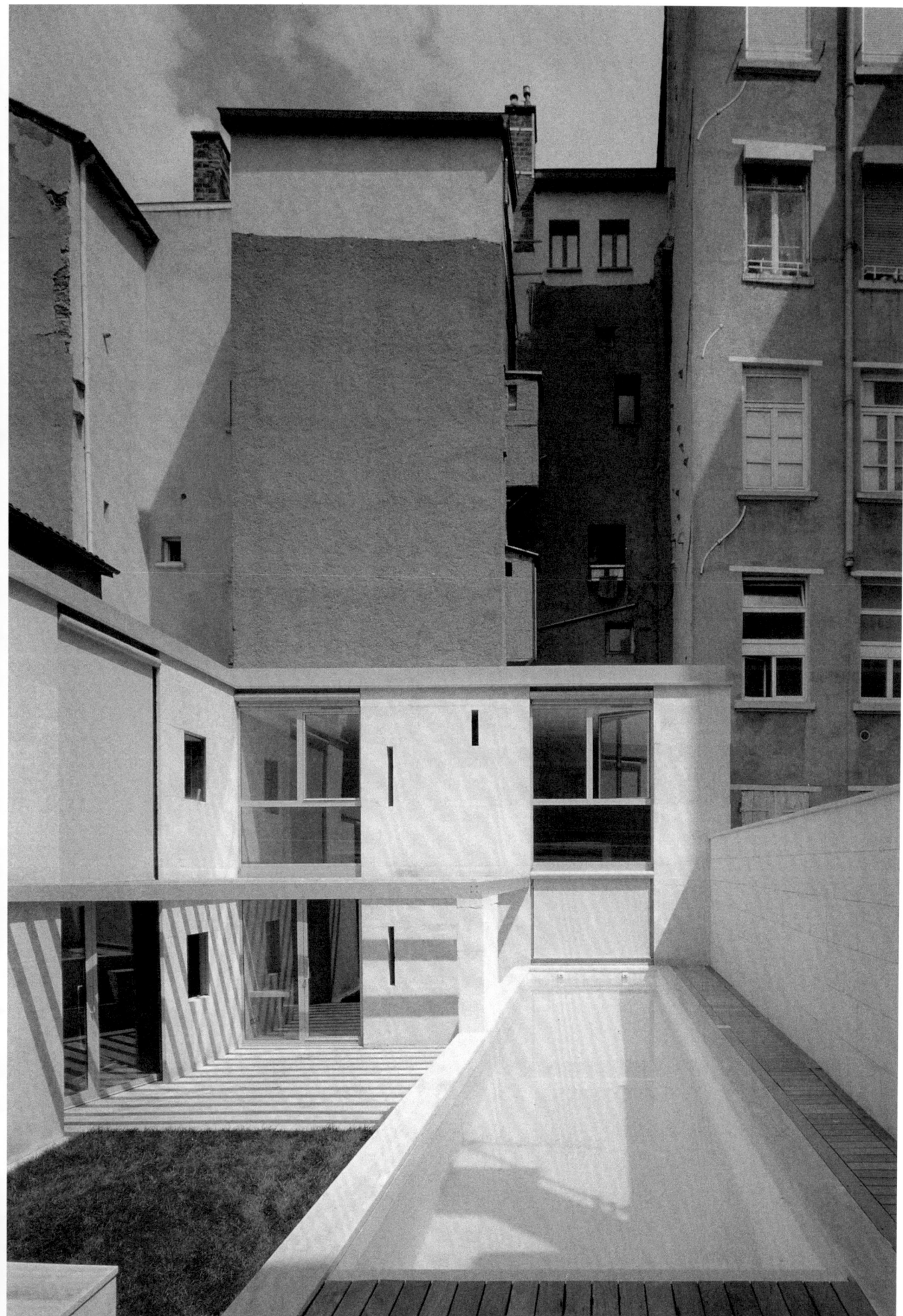

Cour et couloir de nage

Façade sud sur cour

# LOGEMENTS SOCIAUX
# CORNEBARRIEU, HAUTE-GARONNE

20 logements collectifs du T2 au T5, garages

études . . . 2006-09
livraison . . 2011
shon . . . . . 1 918 m²

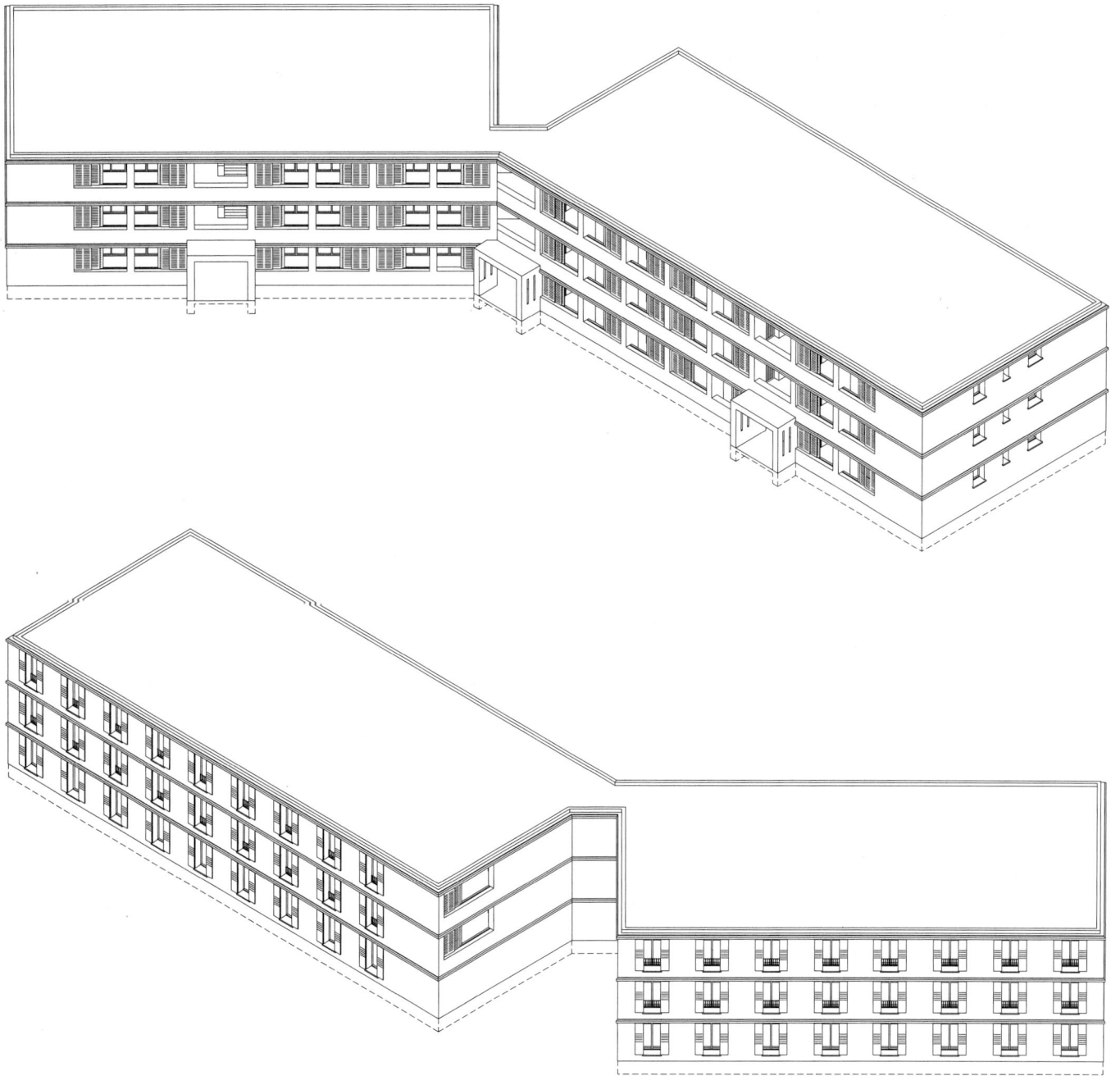

Axonométrie sud,
axonométrie nord

0  1
|  |

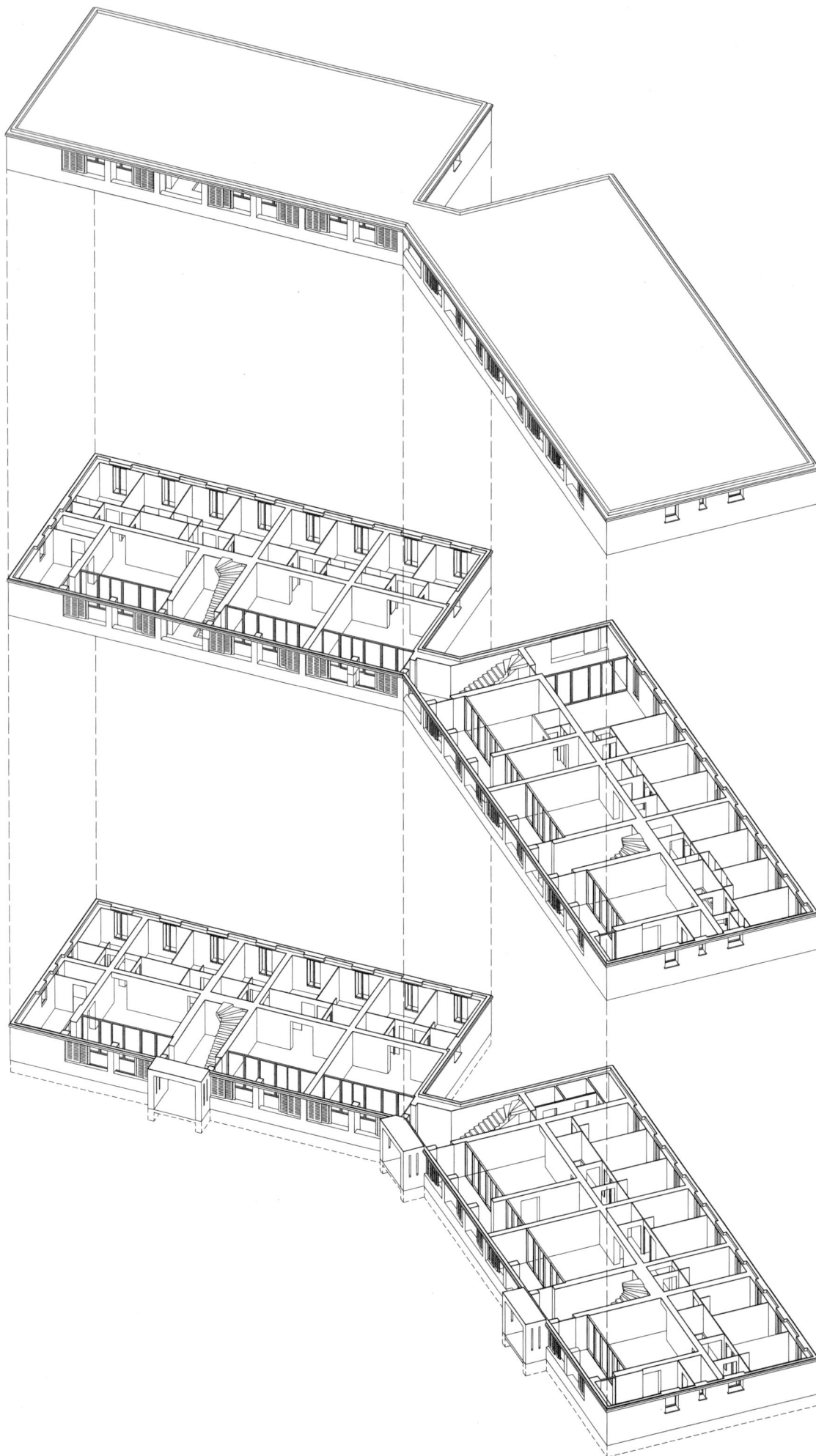

Plan axonométrique :
rez-de-jardin, étage, terrasse

0 1
| |

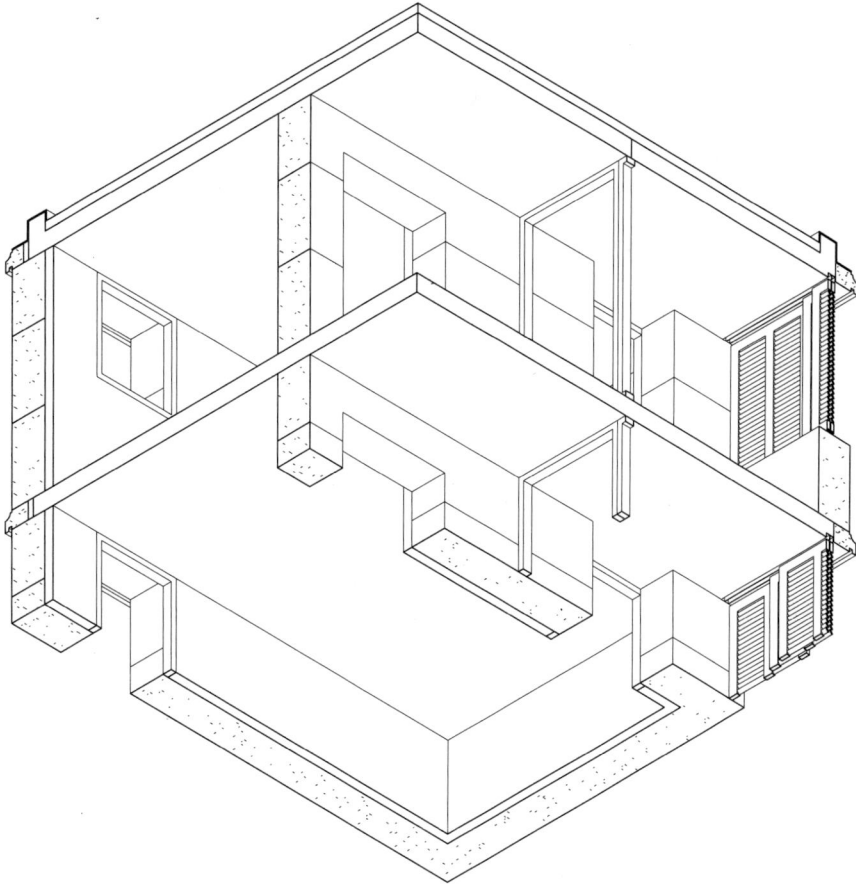

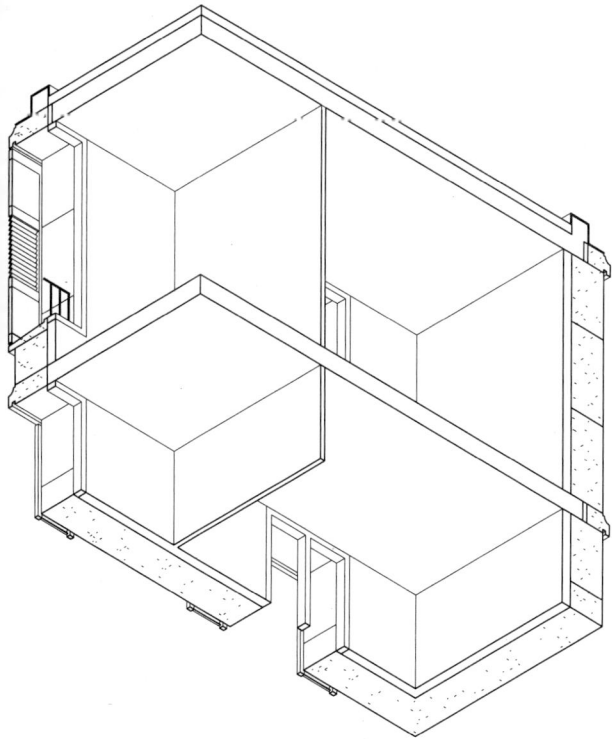

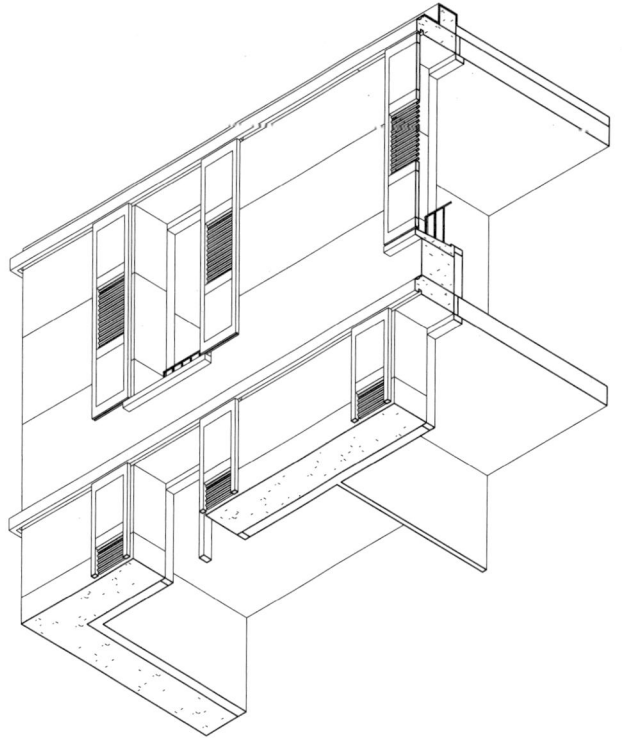

Axonométries en contre-plongée de détails constructifs :
coupe sur loggia et séjour sud,
façade nord sur chambres, intérieur et extérieur

0     0,5     1

— N

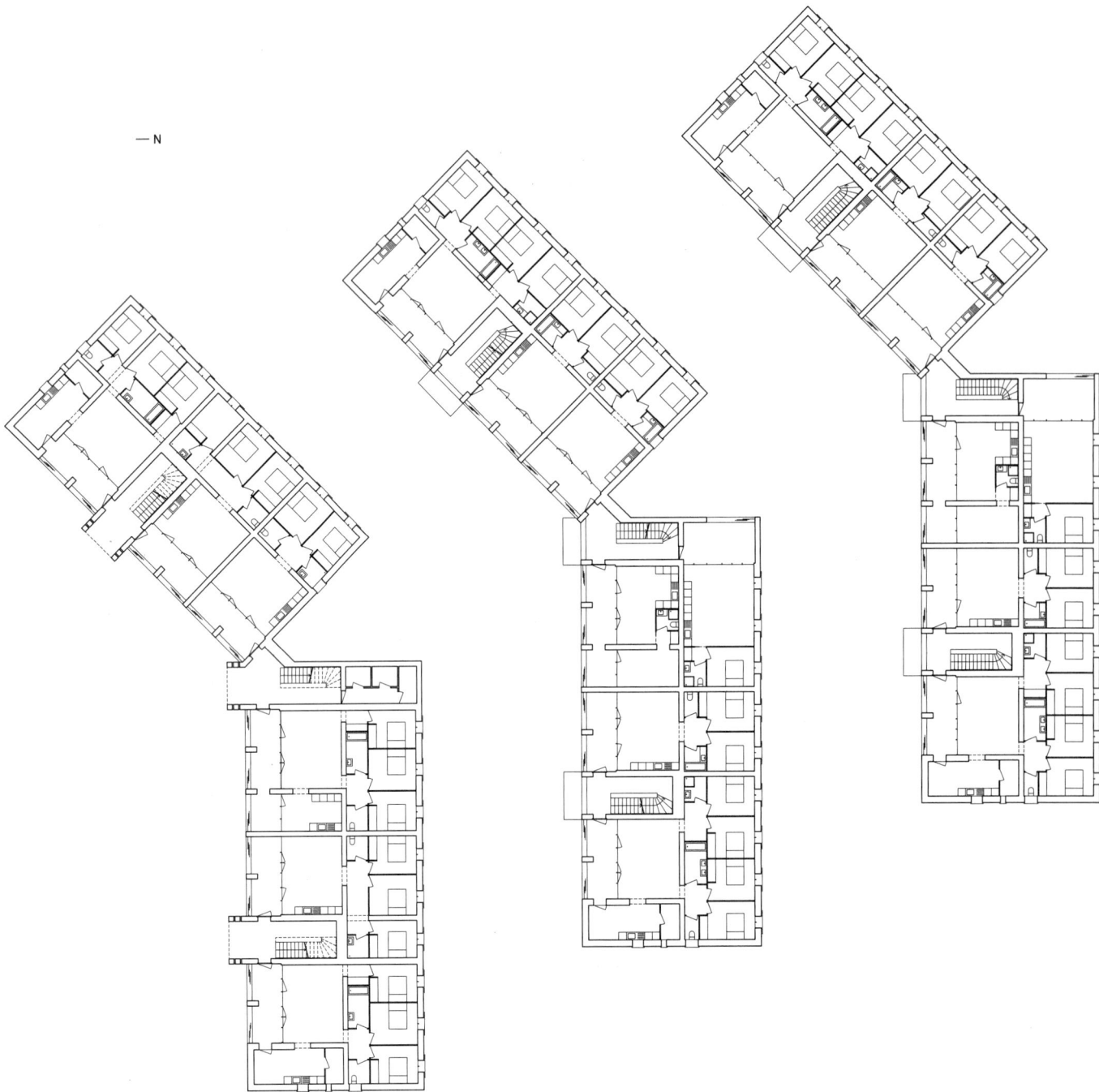

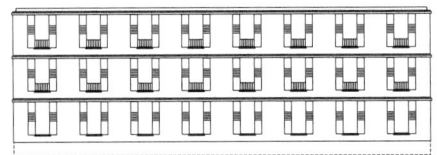

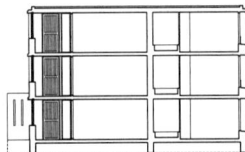

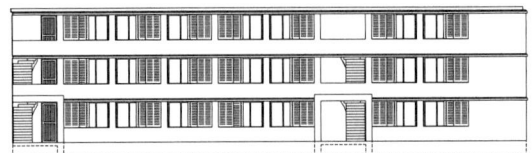

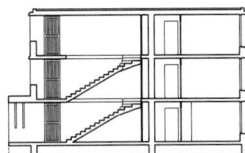

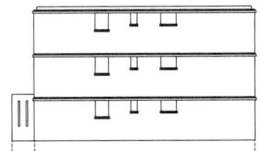

Plans rez-de-jardin, premier étage, deuxième étage,
coupes sur loggias et sur paliers d'accès au logement
façades nord (partielle), sud (partielle), est

0 1
| |

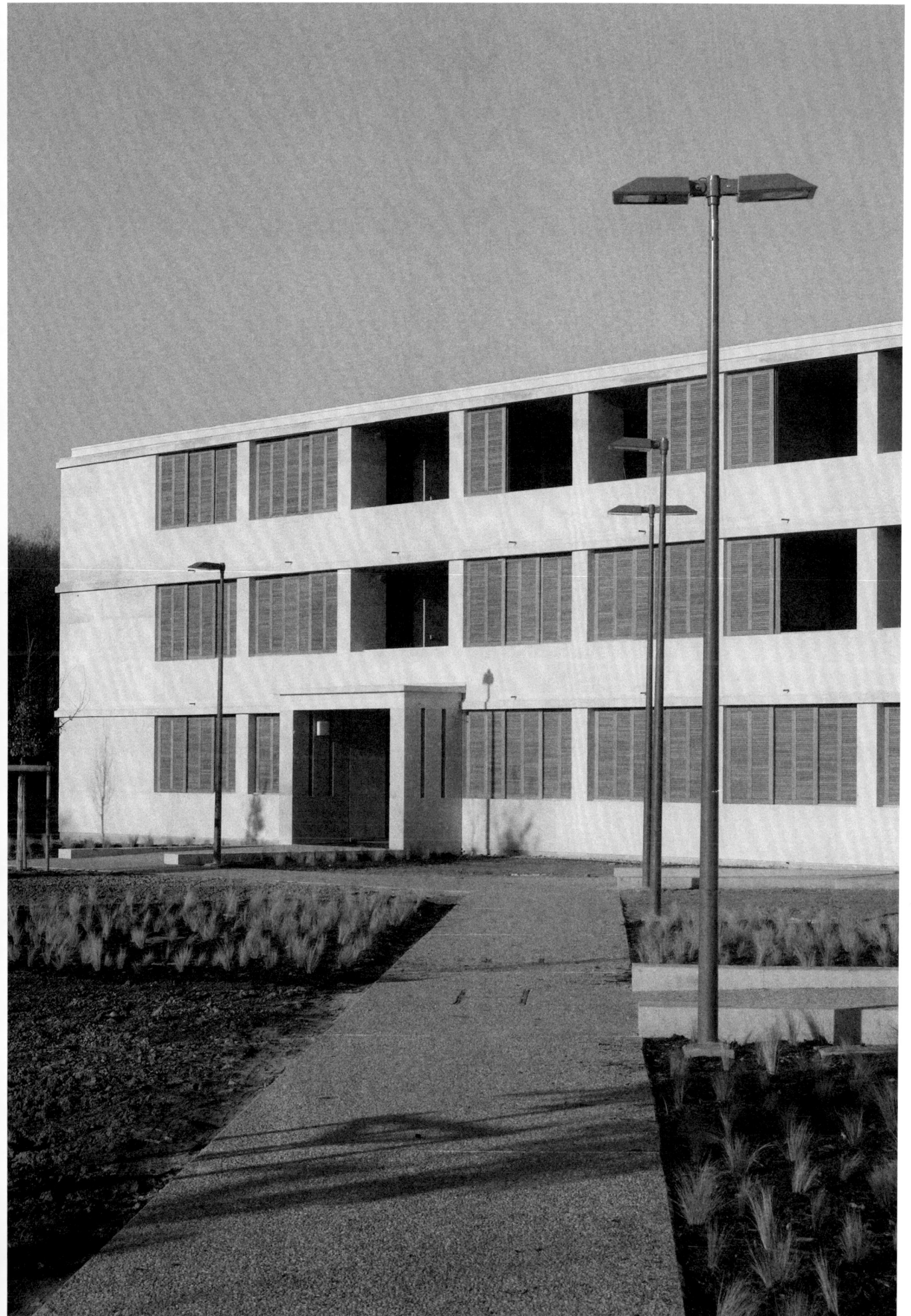

Façade sud, loggia des séjours

Escalier commun

Palier d'accès au logement

Séjour et loggia volets ouverts, puis fermés

Vue de la loggia vers la porte palière

Façade sud sur jardin

Façade nord des chambres

# MUSÉE DES VINS ET JARDIN AMPÉLOGRAPHIQUE
# PATRIMONIO, HAUTE-CORSE

Accueil, administration, vinothèque, espace terroir,
gustarium, salle de réunion, jardin ampélographique

études . . . 2008-10
livraison . . 2011
shon . . . . . 400 m²
extérieur . 700 m²

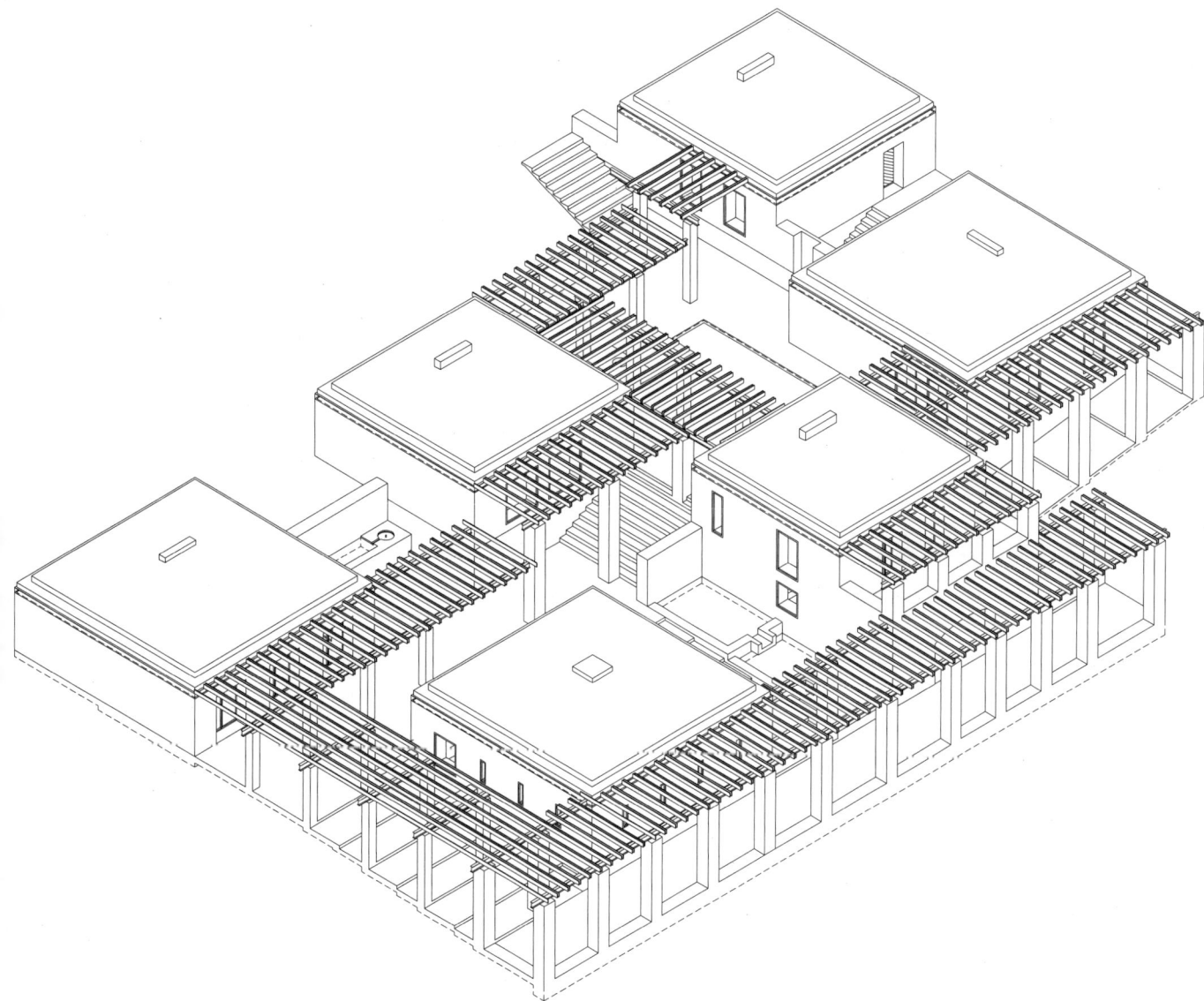

Axonométrie générale                                    0   1
                                                        |   |

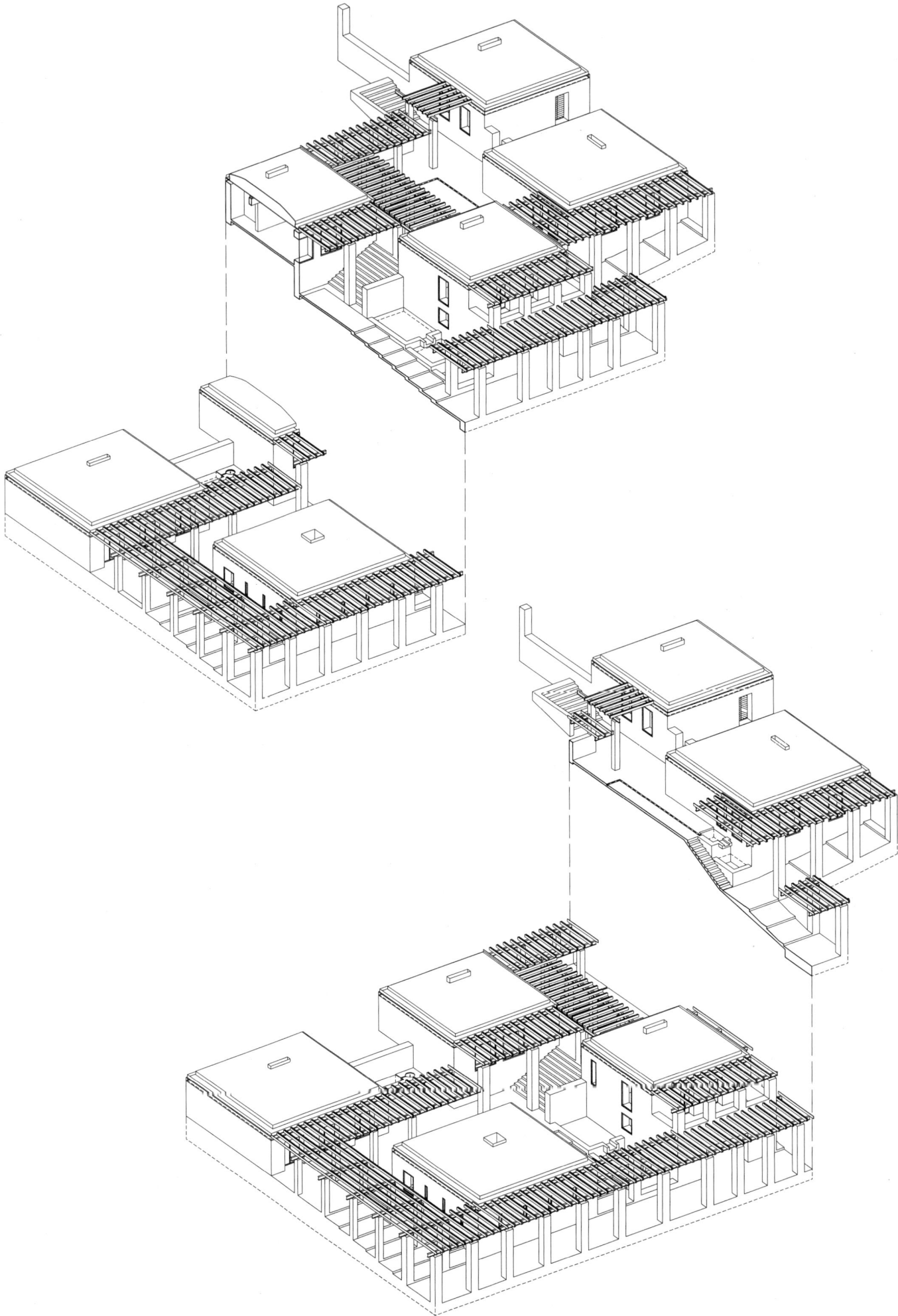

Coupes axonométriques

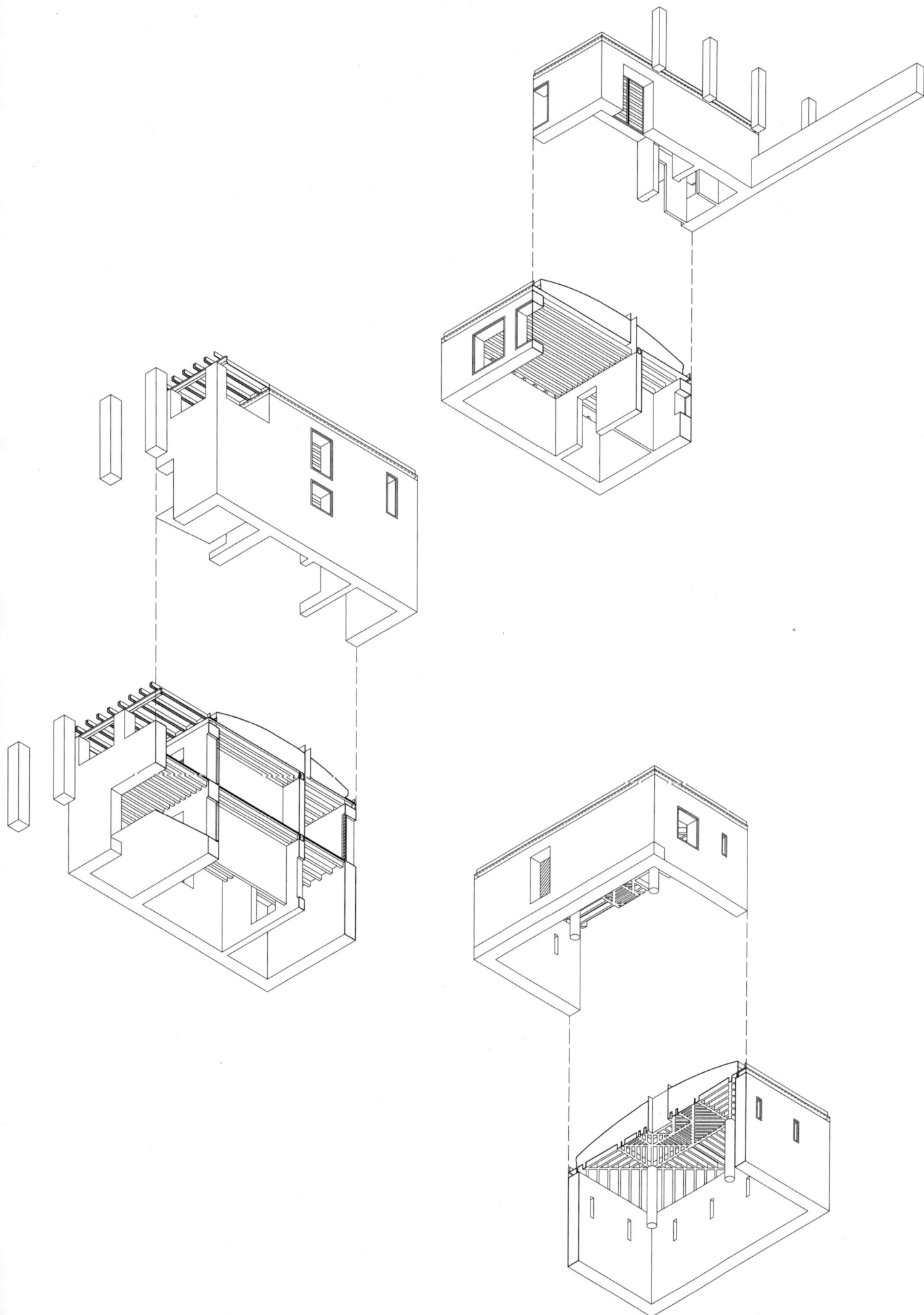

Axonométries en contre-plongée de détails,
de haut en bas : espace d'accueil,
bureaux et atelier, espace exposition

0   1

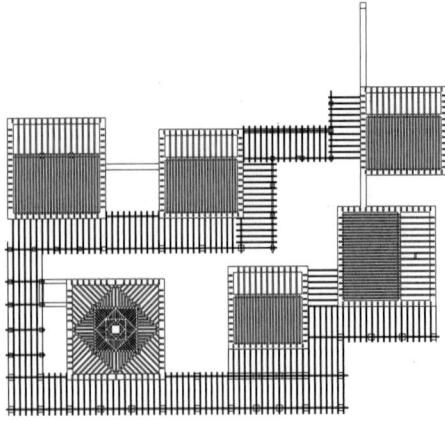

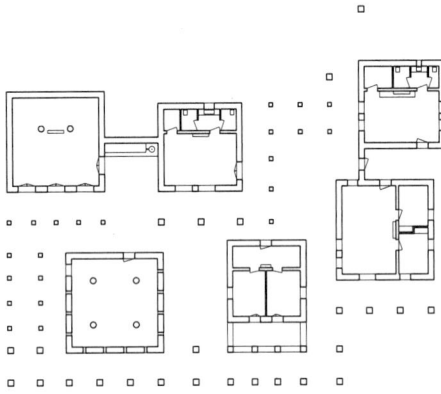

N
|

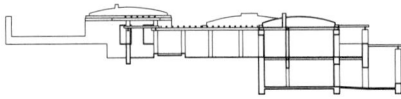

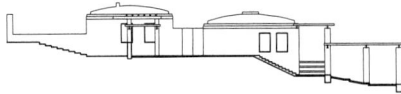

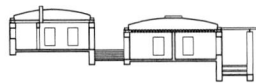

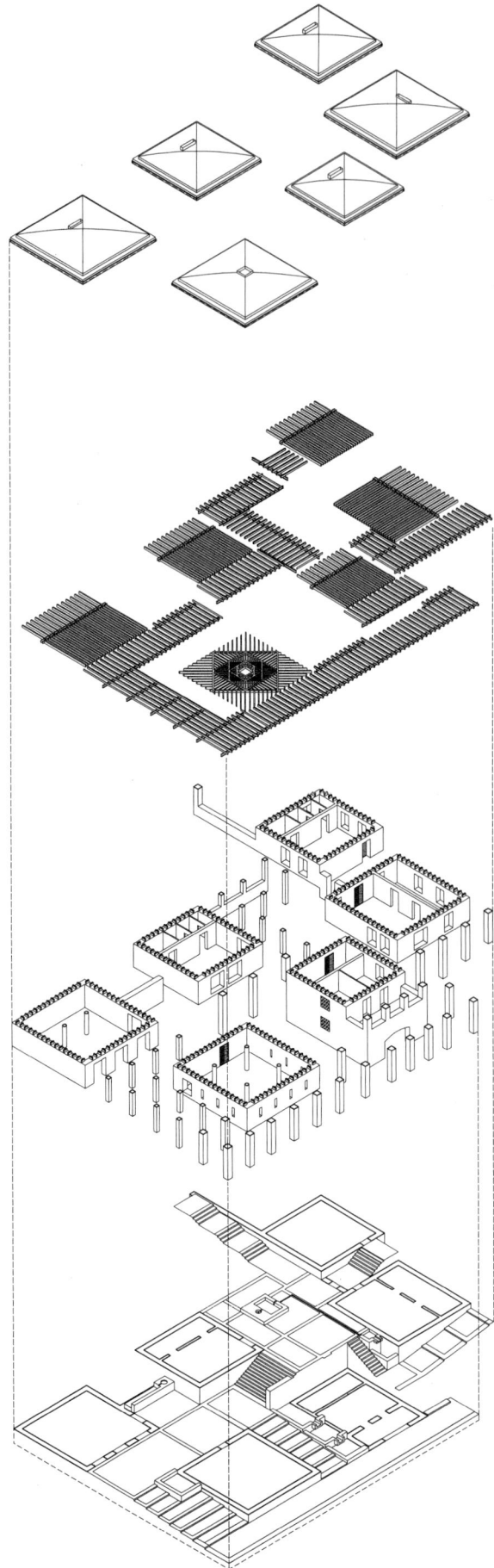

Plans charpente et murs, cloisons, poteaux pierre,
coupes sur administration, sur cour d'entrée nord, sur réunion et bureaux,
axonométrie décomposée : sol, murs, charpente, couverture (végétalisée)

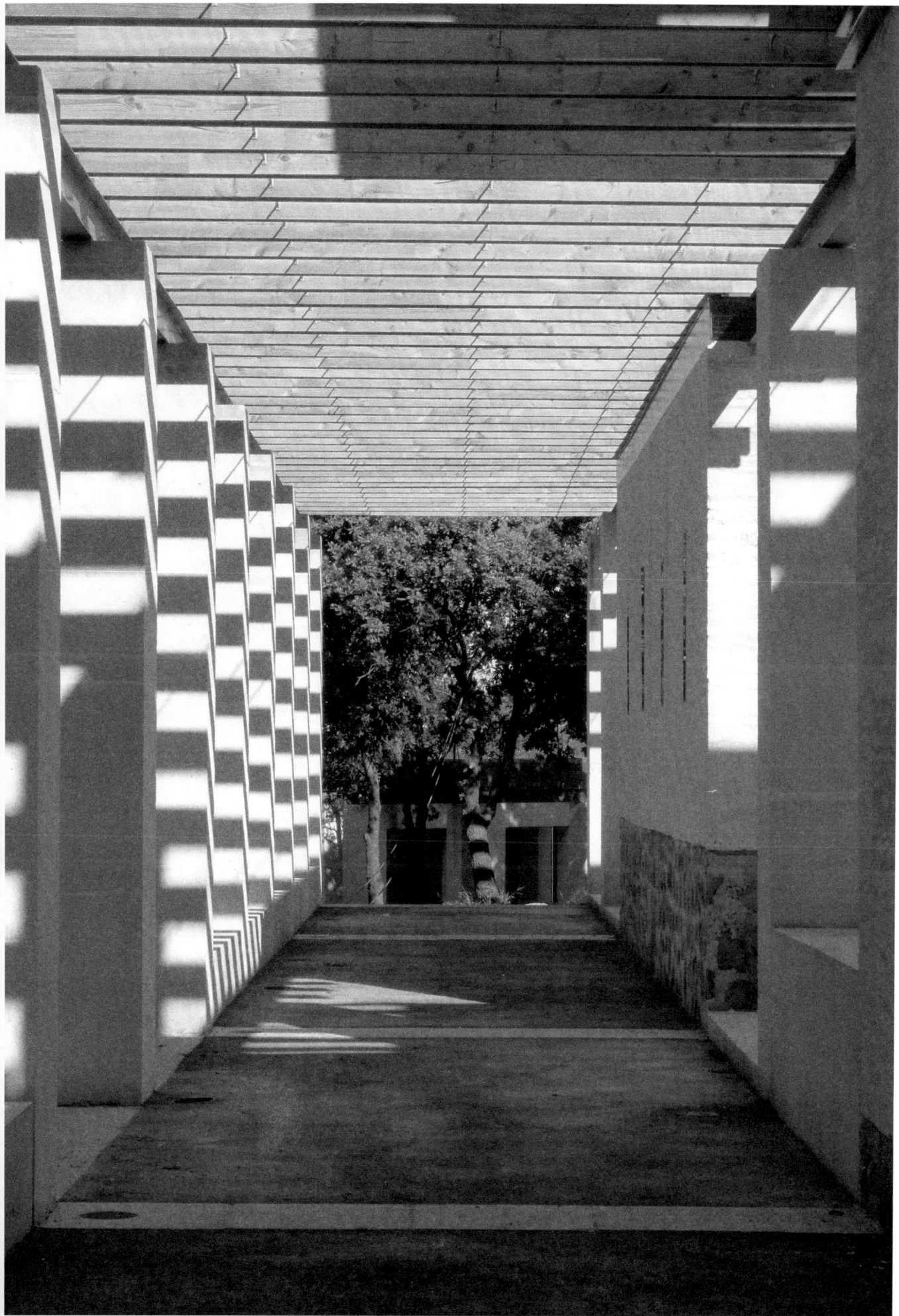

Grande galerie sud vers l'académie de guitare

Terrasse d'accès à l'espace d'exposition

Bassin et terrasse de l'espace de dégustation

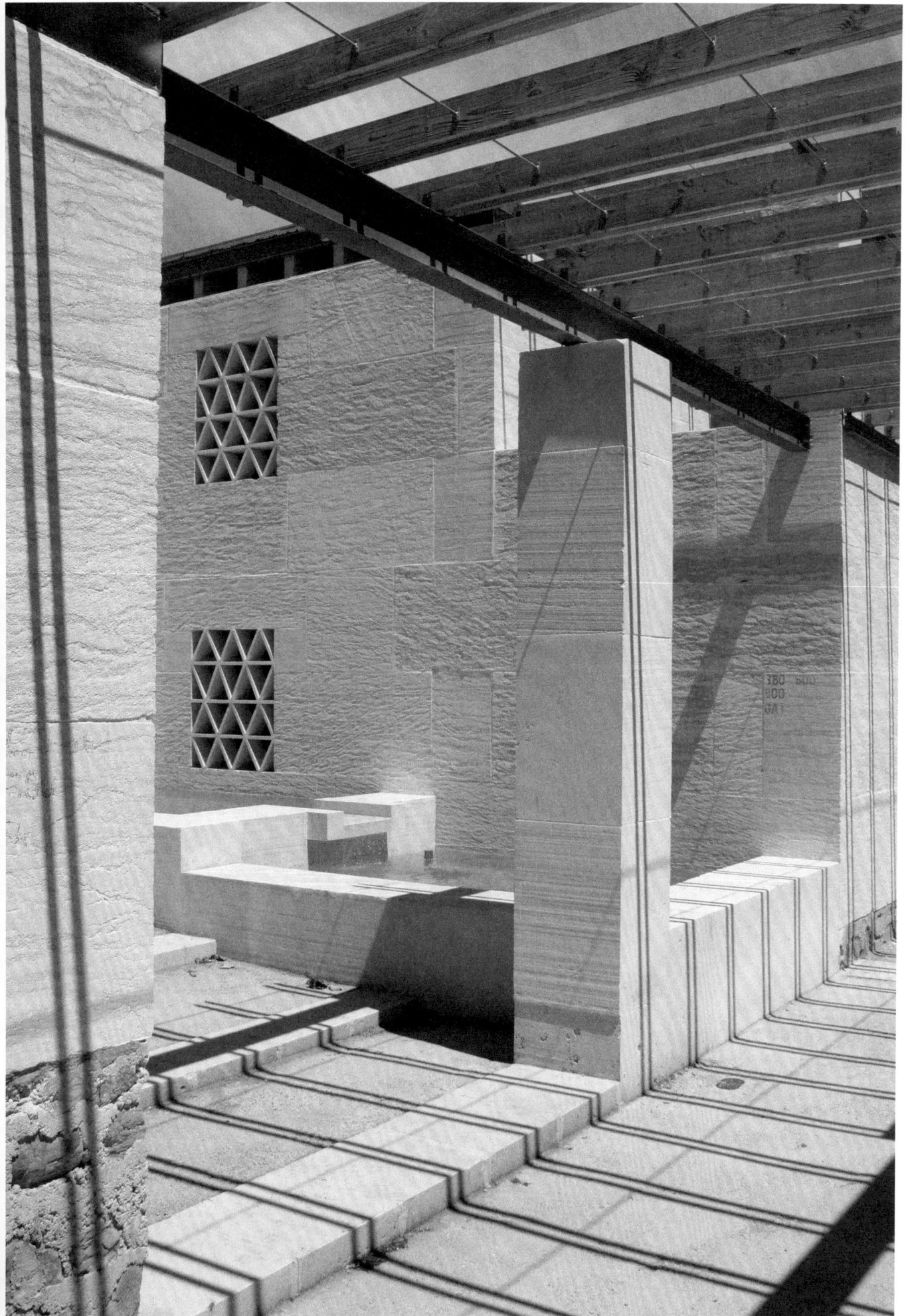

Articulation entre les grands bassins et la grande galerie au sud

Entrée des bureaux

Espace d'exposition

# ENTRETIEN

## DIALOGUE SOUS UNE PALME
## LES 7 ET 8 JUILLET 2011
## À LYON, VAUVERT ET PATRIMONIO

## ENTRE GILLES PERRAUDIN
## ET VALÉRY DIDELON

Croquis pour le projet du centre de formation
aux métiers du développement durable,
Chwiter, Maroc

DIALOGUE SOUS UNE PALME
LES 7 ET 8 JUILLET 2011
À LYON, VAUVERT ET PATRIMONIO

1–    AGENCE ET ENSEIGNEMENT

*Pour commencer, pourrait-on parler du lieu où tu travailles, au rez-de-chaussée d'un immeuble relativement ancien sur les pentes de la Croix-Rousse à Lyon?*

Nous occupons une structure typique d'atelier de canuts lyonnais. Cet endroit m'a immédiatement séduit quand je suis revenu à Lyon en 2004. Il y a des piliers en pierre massive de 50 par 50 centimètres, des poutres en bois de plus de 7 mètres de long. Très peu de points porteurs donc. L'atelier est traversant entre rue et cour. Au milieu, un mur de refend, percé par des arcs en pierre. Il y a là presque tout ce qui fait mon architecture. *A posteriori*, j'ai trouvé un lieu qui correspondait à ce que je faisais déjà.

Nous avons installé dans la partie sur rue une mezzanine, très légère, en acier et en bois. J'aimerais aménager le côté cour, mais les travaux sont retardés car l'immeuble s'enfonce dans le sol. La Croix-Rousse est une colline qui a été drainée par les Romains, mais faute d'entretien suffisant, les effondrements souterrains se multiplient. Notre bâtiment a perdu un peu de son assise. Il n'est plus possible d'accéder à l'espace extérieur qui est pourtant très agréable.

*Dans l'agence, les maquettes sont omniprésentes. Faut-il y voir une signification particulière quant à la manière dont tu travailles?*

Certainement. Il y a ici beaucoup de maquettes et nous sommes contraints d'en jeter au fur et à mesure. Si elles occupent une telle place, c'est parce que je suis un constructeur qui aime manipuler la matière. Concevoir, c'est pour moi surtout construire.

Je pense que l'importance que prend cette fabrication de maquettes vient de ma formation initiale. Avant de suivre des études d'architecture, j'ai en effet été élève dans une école technique, ici à Lyon, à la Martinière. Cet endroit est célèbre pour avoir accueilli Tony Garnier et les frères Lumière. Elle a été fondée au XIX^e siècle pour éduquer de jeunes gens peu fortunés aux métiers de l'industrie. On y apprenait les techniques du tissage, celles du géomètre ou encore les métiers de la construction. J'y ai donc moi-même suivi une formation en atelier, sur des machines-outils, et j'ai vécu ce rapport direct à la matière comme quelque chose de très positif. Lorsque je suis entré à l'école d'architecture, ce bagage technique était un atout même si j'ai dû aussi un peu m'en détacher. Il m'en est en tout cas resté un goût pour la construction et pour l'expérimentation.

Valéry Didelon          Architecte, critique et historien de l'architecture, enseignant à l'école nationale supérieure d'architecture de Paris-Malaquais et membre du laboratoire Architecture Culture Société.
Il est co-fondateur de la revue *Criticat* en 2007.

Le travail en maquette est central dans ma pratique. Je ne sais pas faire un projet sans le matérialiser. Souvent, je commence avec un croquis, mais très vite il y a une première maquette. C'est vrai pour les projets de bâtiment, mais aussi pour le mobilier et tout ce qui se rapporte au design. Par exemple, dans le cadre d'un projet pour une cave viticole et un hôtel en Roumanie sur lequel nous travaillons en ce moment, je suis allé sur le site, j'ai arpenté le terrain, et aussitôt revenu à l'agence j'ai voulu faire exister cette réalité. Nous avons alors construit une grande maquette qui nous permet au quotidien d'appréhender la topographie et le rapport au Danube. Je crois que la sensualité de l'architecture commence à se manifester dans la maquette. Même si ici il s'agit de carton et là-bas de pierre, il me semble que l'analogie fonctionne. Et puis dans une même journée, je dois travailler sur plusieurs projets. S'ils n'étaient pas présents physiquement dans l'agence, ce serait difficile de passer de l'un à l'autre. Sur un écran, j'en serai en tout cas incapable.

*À ce propos, quels rapports entretiens-tu avec les outils informatiques ?*
Aujourd'hui, avec le recul, je constate que l'ordinateur a quelques avantages, mais surtout des inconvénients. Cela nous fait perdre beaucoup de temps. Les outils informatiques nous contraignent à aller immédiatement dans le détail, dans l'insignifiant. Ils nous empêchent de garder une vision d'ensemble. Ils ne nous permettent pas de saisir l'échelle des choses. On s'égare dans d'innombrables petits problèmes et on s'en sort difficilement.

La matérialité d'une maquette ou d'un dessin offre une résistance à l'esprit que l'informatique balaye. Pour comprendre comment un bâtiment se positionne dans l'espace, pour appréhender les dimensions spécifiques d'un lieu, je préfère une maquette. Je travaille à une architecture située dans un lieu particulier. J'ai besoin de sentir le vent, la lumière, les nuages... et l'informatique ne m'y aide pas. En fin de compte, je m'en passe très bien. Mes projets sont là, dans mon carnet. Et puis, du fait de la division du travail, je me sers peu de l'ordinateur. Je m'occupe des relations avec les clients et les entreprises... je griffonne, je crayonne.

*Comment s'organise ton agence aujourd'hui ?*
Notre structure compte sept à dix personnes. C'est induit par ma manière de faire. J'ai eu dans le passé jusqu'à une trentaine de collaborateurs. Ça n'a pas été une mauvaise expérience, mais je n'avais pas assez de contrôle sur le processus de conception. Je m'éloignais de la matière. Certains architectes sont plus doués et arrivent à fonctionner avec 100 ou 150 personnes tout en gardant la maîtrise. Avec une agence de taille réduite, je reste en contact avec chacun. L'échange, la confrontation, c'est important. Je ne travaille pas dans mon coin, je recherche toujours le dialogue. Peut-être que mes collaborateurs s'en rendent mal compte, mais je me nourris beaucoup de leur regard critique. En termes d'organisation, je suis le gestionnaire. Deux personnes s'occupent de l'administration, laquelle prend une place malheureusement de plus en plus importante. Tous les autres doivent être très productifs pour assurer l'équilibre financier de l'agence, lequel n'est jamais garanti. Aujourd'hui, tous mes collaborateurs sont architectes. En général, les gens restent cinq ou six ans, voire plus, puis s'en vont pour se mettre à leur compte. À Lyon, mes anciens chefs de projet sont désormais mes concurrents !

*Comment envisages-tu alors la transmission de ton savoir-faire?*
À travers l'enseignement. J'ai toujours mêlé pédagogie et production. J'ai commencé à enseigner à l'école d'architecture avant même de passer mon diplôme, dès 1974-75. J'étais en
cinquième année quand on m'a demandé de venir en première et deuxième année. Et
puis, on m'a proposé de faire un cours intitulé «Revue d'architecture». Mon idée était
d'envisager l'histoire et la culture architecturale depuis ses manifestations les plus contemporaines, et de là, remonter le temps pour identifier des filiations jusque dans l'Antiquité.
Le contraire des cours d'histoire habituels. Cela a été le début d'une forte relation avec les
étudiants, que j'ai maintenue jusqu'à aujourd'hui. J'ai par ailleurs toujours pris beaucoup
de stagiaires dans mon agence.

Tout en me mettant à mon compte – je n'ai jamais pu travailler pour un autre architecte – j'ai enseigné à l'école d'architecture de Lyon pendant sept ans. En 1981, j'ai eu la
possibilité de participer au concours pour la nouvelle école. Le directeur m'a obligé à
choisir: concourir ou enseigner. J'ai vite choisi et arrêté d'enseigner. L'agence est alors
devenue le lieu de l'enseignement. Je n'y ai pas vraiment réfléchi, mais c'était évident pour
moi. Je ne pouvais pas dissocier la pratique de l'enseignement. De nombreux stagiaires
deviennent ensuite des collaborateurs... c'est cela qui permet de capitaliser le savoir-faire.
En ce moment, il y a trois stagiaires à Lyon, et trois autres dans mon agence de Vauvert qui
se livrent à des «recherches», à un travail plus exploratoire.

*À ton avis, Gilles Perraudin fait-il école? Y a-t-il un style Perraudin?*
Dans l'activité professionnelle comme dans l'enseignement, j'essaye d'amener chacun à se
découvrir lui-même. Du coup, il n'y a pas vraiment d'école Perraudin, pas de style, d'imita-
tion. Je ne participe pas à un processus de reproduction. Je ne suis d'ailleurs moi-même pas
un héritier. Je n'ai pas de style. Je suis un architecte sans architecture. Je suis un praticien
qui n'a pas de pensée formelle identifiable. Même si on peut voir de la continuité dans mon
travail, j'ai l'impression de rester ouvert à tout type de formes architecturales.

*Aujourd'hui tu es professeur à l'école nationale supérieure d'architecture de Montpellier.*
*Quel regard portes-tu sur l'enseignement de l'architecture en France?*
Je ne crois pas que l'architecture puisse s'enseigner au sens académique. Ce qui compte
c'est la pratique du projet. Et de ce point de vue, dans les écoles d'architecture françaises
c'est la portion congrue. J'ai été professeur invité il y a quelques années à Lausanne où la
pratique du projet reste au centre de la pédagogie. Les étudiants ont deux jours et demi
d'atelier par semaine. Le responsable de l'atelier organise les cours d'histoire, d'économie
du projet, de techniques. Il en va de même en Scandinavie où j'ai enseigné sporadiquement
entre 1981 et 1996; la prééminence de l'atelier n'est pas remise en cause. En France, trop
souvent le projet est un exercice d'application de ce que l'on croit avoir appris dans les
cours magistraux. Tout est trop artificiel. D'une certaine manière, l'enseignement de type
universitaire a détruit les écoles d'architecture.

J'ai moi-même fait mes études et commencé à enseigner dans la période qui a suivi la
disparition de l'école des beaux-arts. Les unités pédagogiques (UP) étaient alors dominées
par des gens venus des sciences sociales. Celui qui touchait un crayon était honni. Je suis
un pur produit de ce système dans lequel on niait l'importance du projet, et j'ai d'ailleurs

soutenu un diplôme très orienté vers la recherche. Avec le recul, je crois que ce rejet de l'atelier au sens «beaux-arts» était une position idéologique et critiquable. La formation d'architecte s'est depuis éloignée de son objet et ne prépare plus de manière satisfaisante à la production de formes construites. Je revendique aujourd'hui un certain élitisme et je défends la relation d'élève à maître.

*Dans ta pratique d'architecte comme dans ton enseignement, les questions constructives occupent une grande place. D'où te vient cet intérêt?*

Comme je l'ai déjà dit, j'ai suivi une formation technique puis architecturale. Je n'ai jamais dissocié les deux. La maîtrise des processus constructifs me passionne. Dans le passé, je me suis intéressé à de nombreuses technologies: structures tendues, gonflables, etc. Sans préférence, mû par la curiosité, je pouvais m'intéresser aux formes et techniques les plus diverses. Mais si j'ai eu très tôt un goût pour les aventures technologiques, j'étais aussi alerté par les questions environnementales. Cela a été l'autre moteur profond de ma formation. 1968 a été un moment de prise de conscience à travers la critique de la société de consommation, la découverte des mouvements alternatifs américains. Il me semblait qu'il fallait repenser les rapports entre les hommes. Je me suis plongé dans Marcuse, Marx, dans l'écologie politique qui était embryonnaire à l'époque. Cette pensée critique m'a marqué, et c'est pourquoi je n'ai jamais envisagé la technologie avec béatitude.

Ce qui m'intéressait c'était que les processus techniques puissent être maîtrisés par tout un chacun, et qu'ils puissent contribuer à la sauvegarde de l'environnement.

*De quels architectes te sentais-tu de ce point de vue le plus proche?*

Il y en a beaucoup. Le Corbusier a déclenché mon intérêt pour l'architecture puis au début de mes études, j'ai découvert les mouvements alternatifs américains et des architectes comme Charles Moore par exemple. Louis Kahn a aussi profondément marqué ma formation et mes premiers projets. Plus tard, Renzo Piano et Norman Foster m'ont influencé par leur pratique d'architecte. Et peut-être plus encore Frei Otto qui conciliait un intérêt pour la technologie avec une critique de la société de consommation; le projet pour sa propre maison en témoigne. J'ai aussi découvert à la même époque Ralph Erskine; son projet de ski-hôtel à Borgafjäll en Suède, et puis sa ville arctique. Je me souviens de ses croquis d'un immeuble d'habitation avec une isolation par l'extérieur qui enveloppe tout le bâtiment... Il suspendait par dessus des balcons à des fils qui ne perçaient pas la structure. Ce dessin-là pour moi est emblématique d'une pensée sur l'architecture climatique qui ne s'embarrasse pas de questions stylistiques. J'ai rencontré Ralph Erskine beaucoup plus tard, peu avant sa disparition. J'étais invité à donner une conférence à Göteborg, et on remettait ce jour-là un prix pour l'architecture à but social, financé par l'argent de son Pritzker. Nous avons pu échanger quelques mots; ce fut un grand moment pour moi.

*Et en France, à Lyon, à l'école, n'avais-tu pas de maîtres?*

L'enseignement à l'école d'architecture de Lyon ne m'a pas laissé de souvenirs impérissables. Le seul temps fort a été mon travail avec André Ravéreau. J'étais dans un atelier où enseignait un très bon architecte lyonnais, Pierre Genton, lequel avait étudié avec André auprès d'Auguste Perret. Ils avaient ensuite découvert ensemble le M'Zab en Algérie. André y était en poste comme architecte des Monuments historiques, et un jour Pierre Genton m'explique qu'il créait un atelier d'étude et de recherche sur l'architecture et l'urbanisme sahariens, et qu'il voulait développer des échanges avec des étudiants. Deux mois plus tard, je suis allé rejoindre André à Ghardaïa. Comme j'étais l'un des premiers stagiaires, j'ai vécu avec lui dans la palmeraie de Beni Izguen, et ça a été un moment très intense de ma formation. J'ai découvert quelqu'un qui pensait l'architecture en harmonie avec son environnement et dans une économie de ressources. Il y a eu une vraie transmission de maître à élève. Nous passions nos journées et nos soirées à parler d'architecture. Tout était pour André un sujet d'architecture. Un meuble, un détail... il inscrivait tout dans un contexte social, culturel, économique, historique.

*Est-ce que ton intérêt pour l'architecture vernaculaire date de cette rencontre*
*avec André Ravéreau ?*
En fait non. Avant même d'aller à Ghardaïa, je m'intéressais déjà au vernaculaire tel que je l'avais expérimenté dans mon village natal dans le Dauphiné. L'architecture vernaculaire c'est d'abord ce qu'on fait pour soi. Le chai que je me suis construit à Vauvert en fait partie. La question du vernaculaire n'est pas formelle, mais avant tout politique et économique. Elle renvoie au mode de production de l'architecture. Je me suis intéressé au vernaculaire parce que l'usager, l'habitant, était au centre du processus de fabrication de l'architecture. J'imaginais alors, peut-être un peu naïvement, que les technologies les plus avancées nous permettraient de renouer avec un certain esprit vernaculaire.

Mon projet pour une maison avec laquelle j'ai obtenu le premier prix du concours européen d'énergie solaire passive en 1980 participe de cela. Patrice Goulet a parlé à l'époque d'une maison à la fois vernaculaire et d'avant-garde. Tout est d'abord une question d'agencement des espaces dans cette maison. Elle est fondée sur un emboîtement d'espaces les uns dans les autres qui renvoie à des approches vernaculaires. En Suisse ou en Savoie par exemple, les constructions sont ainsi faites. Il y a un soubassement, les animaux vivent en dessous et chauffent les gens qui sont au-dessus. Ce genre de dispositif spatial est à l'origine de bien de mes projets.

Néanmoins, je me suis rendu compte assez vite que les processus de production industriels sont incompatibles avec cette approche vernaculaire. L'homme n'est pas au cœur des préoccupations de l'industrie.

*La redéfinition des rapports entre usagers et maîtres d'œuvre t'intéresse donc depuis longtemps ?*
Oui. Quand j'ai commencé mes études d'architecture, comme l'enseignement était déficient, je me suis notamment engagé dans une entreprise coopérative et j'ai conçu et construit des maisons en bois pendant un an... certaines existent encore. L'idée était de faire de l'architecture hors des processus capitalistes. C'était passionnant mais j'en suis sorti exsangue. Je n'ai pas gagné un centime et mes origines modestes ne me l'autorisaient pas.

Mon projet de diplôme a porté sur la participation des habitants à la conception de leur logement. Il n'y avait aucune mise en forme. J'ai imaginé un processus qui permettait aux gens d'inventer leur propre espace. Mon rôle était celui d'un guide qui pouvait

impulser dans un sens ou un autre. J'ai aussi été primé par l'UIA pour un projet sur l'habitat d'urgence dans lequel les gens creusaient eux-mêmes leur logement dans une masse de mousse de polyuréthane. C'était une sorte d'architecture troglodyte et technologique.

Il y avait après 1968 de nombreuses expériences de participation. Il y avait les travaux de Christopher Alexander sur la synthèse de la forme. Les premières utilisations de l'informatique portaient également sur ce sujet, même si très vite la machine est plutôt devenue synonyme d'asservissement. Je me souviens des premières recherches de Nicholas Negroponte. Le projet de Ralph Erskine à Newcastle accordait aussi une large place à la participation.

*Ce qui caractérise par ailleurs ton travail, c'est un rapport tout à fait particulier avec la forme. Tu t'y intéresses, mais tu t'en méfies aussi un peu, n'est-ce pas?*

Notre production s'incarne, elle prend forme. Pour autant, la forme n'est pas première dans notre démarche, elle est pour nous un point d'arrivée et non un point de départ. Prenons l'exemple de la maison réalisée récemment au cœur de la Croix-Rousse à Lyon. Le site était terriblement contraignant: un terrain étroit, des prospects limitants, un accès difficile, une zone constructible réduite, etc. Nous avons disposé les espaces de services perpendiculairement à la façade. Ils séparent aujourd'hui les espaces de vie qui apparaissent comme un vide entre deux masses bâties, un vide qui s'offre à la lumière. On pourrait comprendre la maison comme réponse au seul cahier des charges, alors que c'est une autre approche projectuelle qui a prévalu. Notre inspiration a puisé dans une topographie de grottes: failles, échappées, plongées, trouées, etc. Nous avons opposé une sorte de nature des origines à l'hyper-urbanité environnante. Nous avons lancé un cri de liberté – comme celui des canuts assassinés – face au carcan réglementaire qui s'imposait à nous. En définitive, la forme s'est révélée tout au long du projet.

*Tu associes souvent le formalisme de l'architecture contemporaine à l'usage du béton armé. Peux-tu nous en dire un peu plus?*

Le béton a offert aux architectes une liberté formelle extraordinaire. L'œuvre de Le Corbusier en est un exemple manifeste. La force de ses compositions témoigne de son talent de plasticien. Comme beaucoup d'architectes, il aspirait par ailleurs à être reconnu comme un grand peintre, ce qu'il n'était pas! Mais voilà, si le béton a libéré les architectes de certaines contraintes que l'on associe à la construction traditionnelle, il les a complètement rendus dépendants de la forme. Seul Louis Kahn par exemple a su s'imposer une discipline et ne pas devenir esclave de celle-ci.

En suivant nous-mêmes des règles très strictes qui nous laissent seulement le choix entre des pierres debout ou couchées, nous abordons la question de la forme d'une manière bien particulière. Ce qui est important c'est le rythme, les proportions, la lumière, la matière, l'ordonnancement. Les règles de la construction en pierre qui s'imposent à nous pourraient être comparées à celles que se sont donnés les membres de l'Oulipo*. D'une certaine manière, il s'agit de se libérer de la forme en en choisissant une dès le début. La forme architecturale n'est que l'incarnation d'un esprit dans la matière, elle ne peut être une fin en soi.

---

* NDÉ: Ouvroir de Littérature Potentielle, association fondée en 1960 dont les membres les plus célèbres sont Raymond Queneau et Georges Perec.

*Dans plusieurs de tes propres projets récents, les édifices se fondent dans le paysage,*
*ils n'apparaissent pas comme des objets dont on peut facilement saisir les contours.*
*Faut-il y voir une sorte de contextualisme ?*

Nous essayons toujours de mettre l'architecture en bonne intelligence avec son environnement. Pour atténuer le contraste climatique parfois abrupt entre les espaces intérieurs et extérieurs, nous entourons nos constructions de micro-enveloppes protectrices. Dans le projet de chai au Moyen-Orient que nous étudions en ce moment, les locaux dédiés à la vinification sont prévus en sous-sol, tandis que la réception, les bureaux de gestion, l'accueil se prolongent vers l'extérieur à travers des espaces intermédiaires où l'on trouve des pergolas, des jardins, des bassins, etc. L'alternance de volumes fermés et ouverts forme un continuum. L'architecture se fond dans le paysage. Notre travail qui se base en premier lieu sur l'expression constructive tend finalement à une relation harmonieuse avec l'environnement, comme dans une alliance entre les approches de Louis Kahn et de Frank Lloyd Wright. C'est ambitieux, n'est-ce pas ?

*Et lorsque tu es engagé dans un projet en milieu urbain, comment se détachent*
*les figures architecturales sur le fond de la ville ?*

En fait, nous travaillons moins sur des projets en milieu urbain que sur des caves isolées en pleine nature. Il y a eu néanmoins le projet non réalisé du collège de Vauvert. Le parti pris était très fortement urbain. Le long d'une grande avenue, nous avons dessiné un îlot tout entier. Le bâtiment mesurait 200 mètres de long pour 60 mètres de large et était percé de larges cours qui assuraient la régulation thermique en captant le vent et le soleil. Au sens propre du terme, c'était comme construire un château en Espagne...

Dans la plupart de nos projets comparables, nous nous inscrivons dans une logique de composition urbaine classique. Les espaces extérieurs et intermédiaires sont souvent intégrés au bâti. En ville, le contexte c'est l'architecture existante dont nous essayons d'être respectueux. Notre projet d'immeuble de bureau à Voiron doit beaucoup à l'architecture du Dauphiné, à ses formes traditionnelles. Nous aimons travailler à partir de typologies telles que J. N. L. Durand a pu les définir. Par exemple, une école s'organise autour d'une cour. Nous délimitons clairement les espaces institutionnels et nous nous efforçons de suivre les règles architecturales et urbaines.

## 2 –    AVANT LA PIERRE

*Peux-tu nous parler des premiers projets que tu as réalisés dans les années 1980 ?*

Il y a d'abord eu une petite maison à Saint-Péray, en Ardèche, conçue il y a plus de trente ans. Elle s'inspire fortement du travail de Louis Kahn et de Luigi Snozzi, notamment la manière dont s'articule la terrasse avec un poteau d'angle et une pergola au-dessus. Cette maison est un double cube : 6 mètres de large, 6 mètres de haut et 12 mètres de long. Les briques dont sont faits les murs ont les mêmes proportions. Elles commandent toute l'écriture du bâtiment. Côté sud, une pergola vient donc protéger la grande façade vitrée. Côté ouest, il y a une double épaisseur. On retrouve ici des espaces microclimatiques de protection. Avec ses briques Monomur de 40 centimètres

d'épaisseur, montées sans enduits à l'intérieur comme à l'extérieur, cette maison préfigure mon travail postérieur sur la pierre.

Mon deuxième projet construit, ce sont des maisons en terre, en pisé, à l'Isle-d'Abeau. Encore un projet atypique à l'époque. Les bâtiments sont massifs, compacts. Les murs font 40 centimètres d'épaisseur. Les maisons sont dotées d'extensions légères qui créent des espaces tampons et instaurent un microclimat. On vient s'asseoir sous les pergolas pour profiter de la fraîcheur. Le projet s'inspire beaucoup de l'architecture vernaculaire. L'aspect le plus contemporain, c'est le toit transparent qui permet le captage du rayonnement solaire. L'air chauffé est ensuite envoyé dans toute la maison grâce à un système de ventilateurs. C'est un projet, là aussi, manifeste.

Troisième bâtiment, une école économe en énergie à Cergy-Pontoise. C'est l'un de mes premiers concours gagné en 1981. Dans une problématique de lutte contre les gaspillages d'énergie, nous avons tourné toutes les salles de classe vers l'intérieur. La lumière entre par des patios vitrés. Le bâtiment est très introverti, et là aussi très kahnien avec sa composition rigoureuse, son béton brut, sa brique, le bois, et tous ces détails. Il a très bien vieilli, je trouve.

*Dès ces premiers projets, on voit que tu t'intéresses beaucoup aux questions d'isolation et de thermique. Quels sont selon toi les grands principes en la matière ?*

Premier problème, la nécessité de se réchauffer quand il fait froid. Ça, ce n'est pas très compliqué à faire. Il suffit de brûler du combustible, de mettre un pull et de se serrer les uns contre les autres, car ne l'oublions pas l'être humain est avant tout une formidable machine à produire de la chaleur. En hiver, ce qui importe donc c'est de maintenir son corps au chaud. J'insiste, parce que c'est à l'habitant et non à la maison qu'il faut apporter du confort.

Second cas de figure, la thermique d'été. Les choses sont ici plus compliquées. Rappelons d'abord que nous nous rafraîchissons naturellement par transpiration, par évaporation d'eau, et donc par la consommation de calories. C'est ce qu'on nomme le phénomène d'abaissement adiabatique de la température. Il faut avoir ensuite à l'esprit que pour diminuer la température et pour produire une frigorie il faut trois fois plus d'énergie que pour produire une calorie. En matière de construction, la climatisation généralisée est donc extrêmement consommatrice d'énergie, ce qui pose bien des problèmes dans un contexte d'épuisement des ressources.

Ces réflexions m'ont conduit à analyser la manière dont faisaient les hommes lorsqu'ils ne disposent pas d'énergie abondante et bon marché. L'architecture vernaculaire a en effet beaucoup à nous apprendre. À titre d'exemple, les espaces d'habitation sont par exemple souvent bordés sur leur côté exposé par des pièces de moindre confort où se conserve bien la fraîcheur.

*Ce savoir ancestral, tu l'as à plusieurs reprises adapté à l'architecture contemporaine, et cela dès le début de ta carrière. Est-ce pour toi un moyen de redonner à l'architecte une plus grande crédibilité ?*

Le projet avec lequel j'ai remporté le concours européen des énergies solaires passives en 1980 s'inscrit parfaitement dans cette logique. C'est un projet de maison, organisé autour d'un noyau central, sur lequel viennent se greffer plusieurs chambres et alcôves, puis des excroissances latérales qui cette fois ne sont pas isolées. On passe progressivement de la forte à la faible inertie. Au nord du bâtiment, on trouve les espaces tampons : le garage, le bûcher. Au sud, une façade vitrée devant une paroi lourde, un mur Trombe. Il y a aussi un bassin et une pergola métallique. Plus on va vers l'extérieur, plus l'architecture s'allège. Dans cette maison, l'espace à vivre peut être réduit à 40 m² la nuit en hiver, et s'étendre jusqu'à 300 m² la journée en été. L'habitant devient alors une sorte de nomade dans son logement. L'architecture est adaptée.

Dans ce projet, c'est l'agencement des pièces qui règle la question du confort. Le client espérait une solution technique, une maison avec des panneaux solaires, et j'ai répondu avec de la conception architecturale. Pourquoi produire de l'énergie si le bâtiment n'en consomme pas ? À travers le savoir-faire qui lui est propre, l'architecte est, je crois, vraiment légitime lorsqu'il parle d'économie d'énergie.

*Après quelques projets de taille modeste, tu as été invité à participer à plusieurs concours très importants, notamment à Lyon. Le changement d'échelle a-t-il orienté le cours de ton travail ?*
Il y a d'abord eu le concours pour le Palais de justice de Lyon, qui s'inscrivait dans le cadre d'une initiative pour la qualité des constructions publiques. Nous y avons participé avec quinze autres équipes. Puis est venu le deuxième tour face à Yves Lyon et une agence lyonnaise. Notre projet était très bon. C'était un bâtiment d'une grande rigueur de composition, articulé autour d'une rue intérieure. Il s'inspirait des palais babyloniens et des forteresses médiévales. Il était basé sur des principes bioclimatiques, avec des serres de part et d'autre d'une vaste salle des pas perdus. Un projet très démocratique. Peut-être à cause de cela, les magistrats n'ont malheureusement pas voté pour nous. Notre agence n'était pas bien grande, mais nous aurions vraiment pu construire cet énorme bâtiment.

Ensuite, nous avons été lauréats des Albums de la jeune architecture, puis invités à participer au concours pour la nouvelle école d'architecture de Lyon. Je connaissais bien l'institution pour y avoir enseigné. Remporter ce concours fut quelque chose de formidable, et cela nous a propulsés sur le devant de la scène médiatique. Une école d'architecture, normalement on fait ça à la fin de sa carrière. Pour nous ça a été le contraire. C'est un bâtiment organisé là aussi autour d'une rue centrale avec une forte inertie dans le soubassement, et une faible inertie au niveau supérieur des ateliers. Les salles de cours sont en bas, c'est le lieu de l'autorité où les maîtres parlent. Il y a ces grands arcs, ces voutes, toute cette régularité et cette pesanteur. Encore une fois, une massivité un peu kahnienne. Et puis au-dessus, c'est l'opposé, le bâtiment est construit en bois, il est arachnéen, avec des éléments en bois fixés par des rotules.

*Ce projet t'a aussi permis de développer de nouvelles collaborations...*
Oui, c'est à cette occasion que j'ai rencontré Peter Rice et Martin Francis. Pour l'école d'architecture de Lyon, je voulais initialement travailler avec Jean Prouvé, mais il était déjà très malade et est d'ailleurs décédé peu de temps après. Quelqu'un m'a suggéré de me rapprocher de Peter Rice et Martin Francis qui avec Ian Ritchie venaient de fonder RFR. Avec les deux premiers, le contact a immédiatement été très bon et ils ont accepté

d'être les conseillers du projet. On s'est donc beaucoup vu les années suivantes. Avec Peter nous parlions de tout, sur un plan plutôt philosophique. Il n'a rien dessiné véritablement, mais sa présence me rassurait. Martin de son côté est un véritable génie des matériaux. Il connaissait tout de leur mode de fabrication et de leurs propriétés. C'est avec lui que j'ai élaboré nombre de détails pour l'école d'architecture. Quand j'y repense, cette collaboration était fabuleuse. Ensemble nous avons ensuite fait plusieurs concours.

*Grâce à l'école d'architecture de Lyon, tu as aussi rencontré Norman Foster.*
*Dans quelles circonstances cela s'est-il passé ?*
Norman était membre du jury de l'Équerre d'argent en 1987. Jean Nouvel a remporté le prix pour l'Institut du monde arabe et nous avons eu la mention spéciale pour l'école d'architecture. Norman m'a dit qu'il voulait absolument visiter notre bâtiment et deux jours plus tard, il a débarqué à Lyon. Il a ensuite écrit lui-même un article très élogieux sur le projet dans la revue *AMC*. Une relation cordiale a débuté. À l'époque, il se développait à l'international et s'occupait du Carré d'art à Nîmes. Il souhaitait construire le bâtiment en béton et avait peu d'expérience en la matière. Il nous a alors demandé de participer à ce projet. Un peu plus tard, on s'est retrouvé à Paris et il nous a même proposé d'être ses associés sur le continent européen ; il voulait monter une agence Foster-Jourda-Perraudin. C'est comme cela qu'on a commencé à travailler ensemble, à faire des projets et répondre à des concours. Je me baladais avec lui dans son jet. Ça a été une période amusante de ma vie d'architecte. Mais nous n'avons finalement rien construit ensemble. De notre côté, nous avons gagné la Cité scolaire internationale à Lyon. Et puis, les relations avec son équipe étaient beaucoup plus difficiles. Les gens qui travaillaient pour lui ne savaient pas faire autre chose que du Foster. Lorsque je lui proposais des choses nouvelles, il était enthousiaste, mais ses collaborateurs ne suivaient pas. C'est terrible, et on voit bien comment cette agence se répète aujourd'hui. On a finalement été content de se libérer de cette emprise.

*Le succès que tu rencontres à l'époque entraîne alors de profonds changements*
*dans ton organisation professionnelle. Tu mets notamment un terme à ton association*
*avec Françoise Jourda, et tu vas t'installer à Vauvert...*
La médiatisation de notre travail a culminé au début des années 1990, avec une grande exposition à l'Institut français d'architecture, puis des expositions à Berlin, au NAI à Rotterdam, au RIBA à Londres. C'est l'époque où nous avons commencé le projet de Herne en Allemagne. C'est un bâtiment en bois avec des capteurs solaires imaginé dans le cadre de l'IBA Emscher Park. Une usine de production de cellules photovoltaïques a été créée sur place à cette occasion. Sur le plan de l'intelligence économique, c'était très bien, mais j'ai alors vraiment pris conscience de l'ascendant de l'industrie sur les convictions écologiques.

J'avais l'impression de ne pas aller au bout de ma démarche architecturale. La médiatisation me condamnait à cultiver un même style architectural, une expression high-tech mâtinée de vertus écologiques. Voilà pourquoi j'ai décidé de prendre un peu de distance avec ce système qui m'imposait de toujours faire la même chose, qui m'emprisonnait. J'ai déplacé mon agence à Vauvert et certains y ont vu un tournant, mais moi j'avais l'impression de poursuivre mon chemin. On a dit que j'abandonnais l'architecture pour faire du vin, en vérité, j'ai fait de l'architecture et du vin.

*Fort de cette expérience, que penses-tu de la médiatisation très importante*
*d'un certain nombre d'architectes aujourd'hui?*

Mon opinion, c'est que le vedettariat pervertit le rôle des maîtres d'œuvre. Il transforme leur production en des labels que les clients achètent à des fins de communication. De l'architecture, il ne reste qu'une image. La plupart des architectes contemporains participent malheureusement à ce commerce des labels, et contribuent au développement de la plus-value commerciale. Certains réussissent néanmoins à conserver une discipline, une éthique, mais cela est très difficile et très exigeant. Le drame c'est de voir tous ces jeunes architectes qui s'efforcent d'être plus spectaculaires les uns que les autres et qui sont prêts à y perdre leur âme.

Je crois qu'un bon projet ne peut émerger que dans le silence, dans le travail, dans la recherche patiente. Il doit même exister par-delà l'architecte, et se tenir tout seul. Il en va de même pour une œuvre construite. Quand j'ai terminé un bâtiment, il ne m'appartient plus. Les gens font ce qu'ils veulent dedans, que cela me plaise ou non.

La force de l'architecture vernaculaire, c'est l'anonymat de son concepteur. Derrière chaque construction, il y a bien un maître d'œuvre, un constructeur qui détient un savoir au service d'une communauté. À l'inverse, la politique des auteurs en architecture détruit la dimension sociale de notre pratique.

*Tu as une manière très particulière d'envisager ton métier et une idée bien précise*
*de ce qu'est l'architecture. Est-ce que tu dirais que tu as une doctrine?*

La doctrine d'un architecte s'exprime dans ses réalisations. Son activité lui prend tellement de temps qu'il lui faut trois vies pour aboutir. Dans la première il construit, dans la deuxième il inscrit son œuvre dans une pensée, et dans la troisième il jouit de ce qu'il a bâti. Je dois encore être dans ma première vie. Pour autant, s'il le faut j'énoncerais ce que pourrait être ma doctrine en trois points.

En premier lieu, de la contrainte naît la liberté. C'est en travaillant avec une grammaire préexistante, avec des règles claires et transparentes que l'on est vraiment libre. Voilà pourquoi la construction en pierre est si importante pour moi. Jusqu'à un certain point, elle m'impose même la forme.

En second lieu, de la matière naît l'esprit. Je crois en effet que plus il y a de matière, plus le sens et la spiritualité sont présents dans l'architecture. La matérialité de l'œuvre est plus importante que sa forme. Au Thoronet, il y a une abondance de pierre, et pourtant on ne perçoit que de la lumière. Et puis j'aime me référer à la figure de Bouddha dont l'obésité porte en elle la légèreté, la spiritualité.

En troisième lieu, accumuler cette matière en suivant des règles confine à une certaine éthique. Celle-ci suppose que l'architecte se mette au service des habitants, que les bâtiments qu'il construit leur donnent un peu de grâce. Quand je fais un projet, j'ai à l'esprit les gens qui vont vivre là, et je m'efforce de créer des lieux qui les élèvent.

## 3 –   LA PIERRE

*Venons-en à ce qui est aujourd'hui un des aspects les plus singuliers de ton travail :*
*la construction en blocs de pierre massifs. Comment fais-tu le lien avec tes réalisations*
*plus anciennes, et qu'est-ce qui est vraiment nouveau ?*

J'ai trouvé avec la pierre quelque chose que j'avais en moi dès le début de mon activité : la possibilité de maîtriser entièrement le processus de projet. L'extrême simplicité de la construction en pierre m'a rendu ma liberté de création. Aujourd'hui, les publicités pour les produits industrialisés et les systèmes constructifs élaborés nous disent : « Architectes, imaginez la forme, nous sommes là pour la construire. Faites n'importe quoi, nous maîtrisons le processus de construction. » En fait, il ne s'agit que d'aliénation des architectes à la production industrielle, de perte de contrôle du processus de projet.

La construction en pierre c'est quelque chose d'extrêmement simple, ça n'a rien d'ésotérique et ce n'est pas réservé aux spécialistes et aux gens du patrimoine. Je crois d'ailleurs qu'au cours des dernières années nous avons contribué à démocratiser la construction en pierre. Nous avons montré qu'il s'agit d'un procédé constructif à la portée de tout le monde. Pour autant, agencer les pierres les unes sur les autres en tenant compte des usages, appartient au savoir-faire de l'architecte. La maîtrise des proportions, des rythmes, de l'harmonie, voilà qui donne du sens à notre travail. Ce faisant, nous nous détournons des approches purement formelles qui ont cours aujourd'hui. Je dis souvent à mes étudiants : ne vous comportez pas en décorateurs sinon c'est de cette manière que les maîtres d'ouvrage vous traiteront, et en fin de compte vous élimineront complètement du processus de production de l'architecture. On fera appel à vous pour la forme, mais vous ne contrôlerez plus rien, et votre travail perdra son sens.

À Montpellier, je m'efforce tant bien que mal de proposer un enseignement sur la pierre qui prend appui sur des cours d'histoire et d'analyse architecturale, mais s'organise surtout autour d'expérimentations pratiques. Depuis une dizaine d'années, nous travaillons en carrière ou dans les Grands ateliers de l'Isle-d'Abeau. Cette année nous avons réalisé une cellule d'habitation en pierre massive de 60 m² en trois jours et demi. Les étudiants

étaient stupéfaits par la construction des arcs et par la facilité de la mise en œuvre des éléments préfabriqués en carrière. Ils ont découvert que le béton armé n'est pas la panacée et qu'il existe d'autres voies. Ils se sont rendus compte que les chantiers en pierre sont propres et qu'on n'y a pas les pieds dans la boue. Quand le bâtiment a été monté, il était quasiment fini, et pouvait être démonté tout aussi facilement. Les étudiants comprennent alors qu'une architecture en pierre c'est réversible, et cela leur plaît.

*Ton approche est technique, esthétique, mais n'est-elle pas aussi éminemment politique ?*
Bien entendu. Mon projet est politique et social. Disons que je suis à la fois libéral et anticapitaliste, social et anticollectiviste. Je crois que la plus-value réalisée sur la marchandise et le travail devrait disparaître parce qu'elle est la source de notre malheur, de notre incapacité à être heureux. Je pense aussi que le développement ne peut pas être durable parce qu'il implique une consommation d'énergie et de matière qui n'est pas acceptable. De la même manière qu'Ivan Illitch a montré que le transport automobile n'est guère plus efficace que

la marche à pied, je crois qu'on ferait mieux de construire avec ce que nous avons sous nos pieds plutôt que de recourir à des technologies sophistiquées dévoreuses d'énergie et de matière. En utilisant la pierre, nous préservons l'environnement et nous nous inscrivons dans une architecture de la décroissance.

*La construction en pierre ne se prête-t-elle pas aussi très bien à l'autoconstruction?*
Le projet de cave pour le monastère de Solan est de ce point de vue un bon exemple. Les sœurs sont venues me voir à cause du chai que j'avais construit de mes propres mains à Vauvert. Elles n'avaient pas beaucoup d'argent et ont donc demandé à des fidèles ortho-doxes, des artisans menuisiers roumains, de les aider à construire le bâtiment. Et nous avons montré comment il fallait s'y prendre. On a démarré nous-mêmes le chantier, et on leur a expliqué comment retourner une pierre, la poser, la caler, etc. Le jour de la pose de la première pierre, le père Placide a dit que pour ce qui était du délai, on s'en remettrait à la grâce de Dieu. Cela nous changeait des pressions usuelles des maîtres d'ouvrage.

*Et puis rentre en ligne de compte la question du recyclage, ou plutôt de la réutilisation...*
Absolument. J'ai l'habitude de dire que faire une architecture en pierre, c'est faire une carrière. L'histoire est pleine d'exemples de bâtiments construits avec des éléments pris ailleurs; à Saint-Pierre de Rome, ce sont les blocs venus des forums romains, et dans les palais du Caire ce sont les produits du démantèlement de la grande pyramide de Khéops. La ressource pierre est inépuisable puisqu'il est toujours possible de démonter un bâtiment pour en faire un autre. C'est ce que raconte le film *Farrebique**; une vieille maison peut servir à en construire une nouvelle. La pierre ne perd aucune de ses qualités dans le temps. Les blocs peuvent être redimensionnés aisément. Le béton par contre est très difficile à recycler; il faut le casser, le fragmenter, et au bout du compte on ne peut même pas en refaire du béton. L'acier ou l'aluminium, ce n'est pas mieux. Il faut apporter beaucoup d'énergie pour les recycler.

*Est-ce que ton approche s'inscrit aussi dans un retour à une économie locale à laquelle*
*on prête aujourd'hui beaucoup de vertus?*
C'est toujours intéressant de travailler avec une ressource locale. À Toulouse, nous avons récemment construit un premier immeuble de logement avec une pierre venue de Mont-pellier. Maintenant, nous sommes en discussion pour réaliser un second ensemble de 90 logements. L'entrepreneur propose cette fois de s'adresser à une carrière située à proximité qui ne produit pour l'instant que des éléments décoratifs: des balustres, des cheminées, des encadrements de baie. Notre projet serait l'occasion de développer la production et d'étendre le marché de la pierre localement. Nous contribuerions ainsi à rendre ce maté-riau concurrentiel dans la région.

Cependant, il faut rappeler que les pierres voyagent facilement. Au Moyen-Orient, où nous avons en ce moment un projet, on trouve autant de pierres locales que d'autres qui viennent d'Égypte. Certains granits ont été extraits à Assouan, à plus de 1000 kilomètres de là, ont été amenés par bateaux, puis sur les routes. Cela n'était donc pas très compliqué de faire voyager les pierres à une époque où les énergies fossiles n'étaient pas disponibles.

* NDÉ: Film réalisé par Georges Rouquier, 1947.

Le problème qui se pose aujourd'hui est celui du transport des matériaux de construction par camions. On veut transporter vite parce qu'on n'accepte pas d'immobiliser les ressources et donc le capital. L'économie en flux tendu et le rendement de l'argent favorisent un mode de transport inapproprié. La pierre qui n'est pas une denrée périssable pourrait prendre son temps pour voyager. Si on la déplaçait par bateau ou par train, son coût environnemental serait négligeable. Par ailleurs, les blocs peuvent bien attendre une semaine ou un mois quelque part. Cela immobilise peu d'argent.

*Est-ce que finalement la construction en pierre n'implique pas un rapport très différent au temps?*
Tout à fait. Par exemple, la temporalité d'un chantier en pierre n'a rien à voir avec celle d'un chantier en béton. La construction en pierre peut aller très vite, ce qui compense le coût de la main-d'œuvre qui lui reste élevé. Lorsqu'on travaille avec du béton, il faut le couler, puis attendre 28 jours pour qu'il atteigne sa résistance nominale. En amont, il est nécessaire de fabriquer le ciment, le transporter. Sur le chantier il convient d'étayer avant de mettre en charge. Tout cela induit un type d'architecture bien particulier. Quand on utilise la pierre, la résistance nominale est présente dès la pose. Il n'y pas de temps d'attente. On peut monter et démonter les éléments très vite. Le rythme de la construction s'en trouve accéléré. La réalisation du CFA de Marguerittes l'illustre bien, car pour la première fois dans ma carrière d'architecte, j'ai été en avance sur le planning. Conçu en trois mois, le bâtiment a été fini en neuf mois. Les délais et les coûts ont été mieux que respectés.

*S'agit-il du premier équipement public que tu as construit en bloc de pierre?*
Oui, juste après avoir fait mes chais j'ai gagné ce concours pour un centre de formation dédié aux métiers de la réparation automobile, de la restauration. La chambre de commerce de Nîmes qui était maître d'ouvrage avait été traumatisée par les nouveaux aménagements du pont du Gard... réalisés entièrement en béton. Mon projet de CFA entièrement en blocs de pierre massifs a évidemment séduit le jury, même s'il n'a pas été facile de convaincre les entrepreneurs locaux de sa faisabilité. Le bâtiment est installé dans la garrigue, au milieu

d'une ancienne oliveraie. Il suit un plan carré de 90 mètres de côté, et a été pensé comme une sorte de chartreuse ou comme un camp romain. Il y a une série d'édifices sur un seul niveau, tous affectés à des fonctions différentes entre lesquels se déploie un réseau d'espaces publics plantés d'oliviers. Le bâtiment satisfait à toutes les réglementations et a démontré la grande modernité de ce procédé constructif.

*Dans le cadre des politiques de développement durable, l'architecture se juge de plus en plus en terme de performance énergétique. Comment envisages-tu cette problématique? Quels sont les avantages de la pierre?*
Il faut revenir en arrière, aux années 1970 et même à l'après-guerre. Avec la prise de contrôle des champs pétrolifères par les grandes puissances, nous avons connu une période où l'énergie était abondante et bon marché. On a alors construit des bâtiments très peu isolés. On a abandonné les savoir-faire ancestraux pour la préfabrication et le béton armé. On s'est désintéressé des manières simples de se prémunir contre les variations thermiques en été comme en hiver, et on a chauffé et climatisé les bâtiments à l'envie. Ce confort artificiel a par

exemple permis de construire des immeubles tout en verre dans des régions très ensoleillées. Une absurdité. Et lorsque le coût de l'énergie a finalement augmenté, on a dû isoler tous ces bâtiments mal conçus. Là encore, les industriels se sont frottés les mains. Mais les isolants coûtent cher, et leur fabrication est elle-même consommatrice de ressources. Ils n'offrent aucune garantie dans le temps. Et puis, tous ces bâtiments surisolés se comportent comme des thermos en été. Il faut alors les rafraîchir, et pour cela dépenser encore plus d'énergie. C'est un cercle vicieux. Imaginons que l'on vienne sérieusement à manquer d'énergie ; la plupart de ces constructions artificiellement ventilées deviendraient inutilisables.

*Cette problématique est-elle la même dans les régions méridionales où tu travailles aujourd'hui beaucoup, et dans les régions plus septentrionales ?*
Beaucoup de gens pensent que l'architecture en pierre est un avatar du Sud, mais en Europe du Nord on a aussi toujours beaucoup construit en pierre. Le problème auquel il a cependant fallu faire face de tout temps c'est celui de l'inconfort ressenti en hiver. La pierre absorbe le rayonnement infrarouge émis par le corps. C'est l'effet de paroi froide. Pour s'en prémunir, dans les maisons anciennes on habillait les murs jusqu'à une certaine hauteur – celle d'un homme assis, immobile – de lambris en bois. De la même manière, les tapisseries en laine n'avaient pas que des fonctions décoratives, mais permettaient de se protéger contre cet effet de paroi froide. Mais comme je l'ai déjà dit, au Nord comme au Sud, le vrai problème est moins de se réchauffer en hiver que de se rafraîchir en été. Et de ce point de vue, c'est l'inertie des bâtiments qui est déterminante dans les zones qui connaissent de grandes amplitudes thermiques. Dans le bâtiment en bois et en verre que j'ai réalisé à Herne en Allemagne, c'est la masse de sol enfermée qui apporte l'inertie. Les constructions massives sont évidemment les mieux adaptées, l'architecture en pierre prouve ici toute sa pertinence.

Le vrai clivage n'est pas entre le Nord et le Sud, mais entre les zones continentales et côtières. Sur les littoraux, au bord des mers ou des lacs, qu'elles soient au Nord ou au Sud, l'inertie est procurée par la masse d'eau qui atténue les écarts de température entre l'hiver et l'été. Le seul problème est alors la présence d'humidité qu'il faut combattre par la ventilation.

*L'architecture en pierre a la réputation de coûter cher. Tu t'efforces de prouver le contraire...*
La construction en pierre est en fait très économique. La meilleure façon de convaincre, c'est par l'exemple. Nous venons de réaliser des logements sociaux dans la banlieue de Toulouse. Ils sont entièrement en pierre massive, et nous n'avons rien cédé sur la qualité et l'ensemble du bâtiment qui a été construit avec des matériaux naturels. Les loge-ments sont conçus avec des ventilations traversantes et de grands balcons-terrasses côté sud qui augmentent la surface habitable de plus de 25 %. L'un des arguments qui nous sont opposés est que le rapport entre la surface construite et la surface utile est défavorable. Les promoteurs privés veulent toujours maximaliser la surface habi-table et trouvent nos murs forcément trop épais. Le promoteur social pour qui nous avons travaillé à Toulouse a pour sa part réagi très intelligemment. Il n'a regardé que le coût final du bâtiment et n'a pas été déçu. Nous commençons d'ailleurs avec lui l'étude d'un nouvel ensemble de logements sociaux en accession.

*Comment en es-tu venu initialement à construire avec de gros blocs de pierre?*

Ce fut une découverte tout à fait fortuite. J'étais en vacances près du pont du Gard, et en emmenant mes enfants se baigner je voyais chaque jour sur le bord de la route un long mur appareillé avec d'énormes blocs de pierre. C'était l'enceinte d'un ferrailleur qui dissimulait des carcasses automobiles. Immédiatement, je me suis dit qu'on devait pouvoir construire des bâtiments de cette façon. Ce mur tout le monde le voyait depuis bien longtemps, mais personne ne l'avait remarqué. Moi j'étais en vacances, l'esprit libre, et en même temps je m'intéressais aux matériaux naturels. Je suis allez voir le ferrailleur qui m'a renvoyé vers les carrières locales. Les premiers carriers m'ont montré des pierres taillées à la main, du genre de celles que l'on utilise dans les monuments historiques. C'était très cher. Et puis je suis tombé sur un type qui m'a emmené dans sa carrière, et là j'ai découvert d'énormes amas de blocs cyclopéens qu'il extrayait. Ces pierres avaient des défauts et étaient selon lui invendables. Il m'a dit que cela lui servait à reboucher les trous qu'il faisait dans le sol. Je lui ai proposé d'acheter de tels blocs et il m'a donné un prix incroyable. En sortant un billet de 20 euros, j'aurai pu aussitôt repartir avec un caillou de 6 tonnes...

*Ton intérêt pour l'architecture en pierre doit-il quelque chose à ta connaissance du travail de Fernand Pouillon?*

Non, pas au début. Quand j'ai découvert la possibilité de construire avec des blocs massifs, je n'ai pas fait la relation avec Fernand Pouillon. Et pourtant, j'étais familier de son œuvre. J'avais lu plusieurs fois *Les pierres sauvages* et son autobiographie. Je connaissais le Thoronet qui avait été pour moi une expérience magique en tant qu'étudiant. Pour autant, Pouillon n'a jamais été un vrai militant de la pierre. Ce qu'il décrivait, c'était un combat avec la matière, qui pouvait tout aussi bien être le béton. C'est plus tard que j'ai mieux associé son écriture architecturale au matériau pierre. En tout cas, je ne suis pas venu à la pierre grâce à Fernand Pouillon, mais grâce à un ferrailleur.

*Son architecture comme la tienne s'impose à tous par sa matérialité, par sa présence; comment expliques-tu cela?*

Un bâtiment en pierre inspire le respect à ceux qui le découvrent pour la première fois comme à ceux qui vivent dedans au quotidien. C'est comme si le matériau nous était immédiatement sympathique. Peut-être parce qu'il vient d'un processus de formation proche de celui de la vie. Les acides aminés à partir desquels la matière organique s'est synthétisée proviennent en grande partie de l'Espace et ont été apportés par des météorites. On a relevé des formes de vie dans la pierre, et ne dit-on pas d'ailleurs que la pierre est vivante? Cette agglomération des poussières venues de l'Espace est à l'origine de la formation de la Terre que je propose d'ailleurs de débaptiser pour l'appeler la Pierre. L'enveloppe rigide du globe terrestre c'est bien la lithosphère, non?

*Peux-tu nous parler de l'ensemble de bâtiments que tu viens de réaliser à Patrimonio?*

Il s'agit d'un musée des vins et d'une académie de guitare rassemblés dans une série de pavillons construits en pierre massive. Depuis la route qui traverse le village, on approche le site par une esplanade qui sera plantée de cyprès, dans la continuité du petit cimetière voisin. Les gens arrivent par là, puis descendent ce grand escalier qui les amène vers une première cour qui distribue les six premiers pavillons. Tous ont une base carrée de 8 à 10 mètres de côté. Les murs extérieurs font 60 centimètres d'épaisseur et ne sont pas isolés thermiquement. Chaque pavillon se divise suivant une partition en tiers ; deux tiers côté sud et un tiers côté nord où sont les locaux annexes. On retrouve ici l'idée de l'espace tampon. Au tiers donc, un mur de refend en pierre de 30 centimètres d'épaisseur reprend les charges de la toiture. Les poutres en pin laricciu qui la soutiennent sont apparentes et suivent une trame régulière de 60 centimètres qui gère toutes les dimensions. Toutes les menuiseries intérieures sont en châtaignier massif. Les huisseries des baies disparaissent complètement et se trouvent encastrées à l'extérieur. Côté est, on a dessiné un brise-soleil en pierre, et côté ouest et sud, c'est une pergola qui nous protège.

Ce bâtiment est conçu pour être ventilé manuellement, surtout pendant la nuit. L'une de nos principales difficultés est d'ailleurs de convaincre les usagers de s'impliquer et d'actionner eux-mêmes la ventilation. C'est une solution préférable aux dispositifs technologiques, qu'il faut entretenir et qui finissent toujours par tomber en panne. Les murs en pierre captent la fraîcheur de la nuit, l'accumulent et la restituent dans la journée. Ici, le maître d'ouvrage a donné une température de consigne de 12 degrés, ce qui nous a autorisé à ne pas respecter la réglementation thermique. Le bâtiment sera surtout utilisé l'été, et l'hiver il sera toujours possible de brancher un chauffage mobile. Dans la journée, lorsqu'on ouvre les fenêtres pivotantes l'air frais produit par l'évaporation des bassins extérieurs vient rafraîchir l'intérieur. L'embrasure des baies est un endroit où il fait bon s'asseoir. Voilà notre travail sur la climatisation naturelle. Nous ne faisons que reprendre ce que la tradition nous a léguée. Les espaces extérieurs sont protégés par une pergola sur laquelle pousseront les différentes vignes d'origine méditerranéenne qui constituent la collection ampélographique. Le parcours sera ombragé pendant l'été et l'hiver, les feuilles tombant, les rayons du soleil pourront passer.

*Qu'en est-il précisément du travail avec la pierre dans ce projet ?*
*Il y a eu quelques péripéties, je crois...*
Le projet initial a été imaginé en terre. Nous n'avions pas eu connaissance de carrières en Corse où l'on pouvait extraire de la pierre en blocs. Mais, au moment de la consultation, quelqu'un nous a parlé d'un carrier à Bonifacio qui produisait de gros blocs. Le lendemain je suis allé le voir avec l'entrepreneur et nous avons aussitôt décidé avec le maître d'ouvrage de changer nos plans. Nous avons donc utilisé de grands blocs de cette pierre de Bonifacio qui présente des veines de dureté différente, lesquelles lui donnent ce relief très particulier. On sent presque le mouvement de l'eau quand le calcaire s'est déposé au fond de la mer. Lorsque le soleil rase les murs, on a un effet de vibration et de matière extraordinaire. Malheureusement la carrière a connu des difficultés et a cessé à un certain moment de nous livrer. Le chantier s'est arrêté pendant presque un an, et nous avons dû poursuivre avec une autre pierre, venue cette fois du Lubéron. Une pierre blanche, d'aspect beaucoup plus homogène. En fin de compte, le mélange des deux pierres traduit l'histoire de ce chantier. Je n'ai pas cherché à cacher cela. C'est comme les différentes marques de repères de coupe, ici et là, elles renvoient à la présence de l'homme derrière la matière.

*Est-ce que les dix pavillons sont construits de la même façon ?*

Pas tout à fait. Leurs tailles varient légèrement. Nous les avons aussi adaptés au terrain. Il y a d'ailleurs un soubassement en béton cyclopéen, réalisé sans ferraille et avec des blocs de schiste récupérés sur le site. L'un des bâtiments se distingue particulièrement parce qu'une grande maquette du vignoble de Patrimonio doit y être exposée. Il n'y a donc pas de refend, la toiture s'appuie sur une structure renforcée que nous avons conçue avec l'ingénieur Jacques Anglade. Il s'agit d'un système en diagonale de pièces encastrées, inspiré de ce qui se fait au Mali. Cette structure repose sur quatre troncs massifs de pin laricciu, simplement écorcé. La matière est très douce, semblable à ce qu'on trouve dans certains temples japonais. Nous sommes allés directement choisir les arbres dans la forêt.

*À chaque pavillon correspond une activité particulière, pourtant on imagine assez bien d'autres usages. Comment envisages-tu les rapports entre forme, espaces et fonctions ?*

En ce qui concerne ce projet, nous avons adapté l'architecture aux activités qui doivent s'y dérouler. Pour autant, nous avons veillé à la polyvalence des espaces. Ce qui compte pour moi c'est de suivre l'esprit d'un programme, et non la lettre. Il faut savoir accepter de manière généreuse la façon dont la vie s'installe dans un bâtiment.

Cette question s'est aussi posée à Solan. Les sœurs avaient du mal à définir vraiment ce qu'elles voulaient, quels types d'espaces pour faire du vin, des confitures, etc. Il m'est apparu que le bâtiment devait faire preuve de polyvalence tout en gardant une forte présence. C'est comme ça que j'ai imaginé cette boîte de lumière à l'intérieur de laquelle les moniales passent leurs journées. La dimension spirituelle l'emporte sur les usages, qui eux trouveront toujours leur place. Une bonne architecture ne doit pas contraindre les usages, mais au contraire les susciter, comme une matière vivante.

*Par-delà l'attention que tu portes à la construction et aux usages, n'y a-t-il pas aussi dans ce projet un travail de composition au sens le plus classique ?*

Oui, nous travaillons beaucoup sur les proportions, sur la manière dont les choses viennent se caler. Il faut savoir suivre un tracé régulateur pour se garder de l'arbitraire. Pour le musée des vins et l'académie de guitare de Patrimonio, nous avons tout dessiné : chaque pavillon en détail, mais aussi tous les aménagements extérieurs qui ont été difficiles à mettre au point. Et le mobilier également, en pierre et en céramique, un peu à la manière de ce qu'Utzon a fait dans ses maisons de Majorque, Can Lis et Can Feliz. Je crois que comme lui nous avons construit un bâtiment vraiment contemporain à partir de formes tout à fait classiques.

*Tous ces bâtiments renvoient à une esthétique puissante, dans laquelle la lumière naturelle joue un rôle de premier plan. Ton architecture est en ce sens solaire...*

Ce n'est pas qu'une question esthétique, mais aussi de confort. Par exemple, comme dans plusieurs de nos projets, nous avons mis en place à Patrimonio un éclairement naturel des plafonds, grâce à un bandeau vitré qui court sous le niveau de la charpente. C'est un moyen d'atténuer l'effet de contraste, lorsque venant de l'extérieur on entre dans un espace beaucoup plus sombre. Nous essayons toujours de proposer un éclairage naturel constant. Néanmoins, notre travail sur la lumière renvoie aussi à une approche spirituelle. Dans notre projet pour le monastère de Solan, il y a ainsi une manière bien particulière de capter la lumière du jour. Les murs font un mètre de profondeur et les rayons du soleil passent à travers des espaces de 25 centimètres de large qui fendent le bâtiment de haut en bas. La lumière se diffuse et diffracte en douceur. Il se dessine sur le sol l'implacable répétition des heures, des jours et des saisons. Le mouvement à l'horizontale est limité dans son ampleur. La lumière mène nos pensées depuis les vicissitudes de la condition humaine vers l'absolue miséricorde divine ; le mouvement est vertical et infini. Encore une fois, la référence pourrait être le Thoronet. La lumière est là pour engendrer l'ombre qui est la lumière de la matière, ou son silence comme dirait Louis Kahn.

# COLLABORATEURS
# DEPUIS 1980

Corinne Abribat
Anne-Sophie Acomat
Brigitte Alonso
Orlando Arner
Gavin Arnold
Pascal Arribaud
Antoine Assus
Eris Attila
Heïdi Aubepart-Boeda
Annick Audouard
Britt Baffert
Guilhem Bastide
Odile Beaudoux
Pierre Belleoud
Guillaume Benier
Patrick Benomard
Laurence Beraud
Romain Berdiel
Nicolas Berthou
Denis Berzin
Véronique Besse
Marc Bigarnet
Delphine Blanc
Philippe Blanc
Marie-Agnès Blond
Maël Boissier
Cédric Bonhomme
Géraldine Bore
Malek Boualam
Pauline Bourgade
Lisa Bouvetier
John Breshears
Julien Buldrini
Björn Burger
Corinne Canale
Valérie Canetti
Bénédicte Cateland
Julie Cattant
Francisco Cavas Garcia
Myriam Célérier-Mangin
Héloïse Chabuel

Mireille Chambron
Anne-Emmanuelle
    Chantemesse
Mylène Chardes
Pierre-Yves Chardonnay
Catherine Charrette
Renée Charron
Jean-Luc Chatelet
Yoann Chaussinand
Éric Chenderowsky
Linda Coeuret
Benoît Collange
Franck Collet
Julien Cordier
Virginie Costanza
Christian Crassous
Romain Crozetiere
Vito D'Attoma
Carine Dalmais
Flavien Davry
Gaetano De Francesco
Adrien Delaunay
Catherine Delaunay
Ève-Marie Delqué
Salima Dembri
Suzanne Dermasoubian
Franck Devigne
Michel Dioudonnat
Olivier Doizy
Amilcar Dos Santos
Iréna Douchevat-
    -schesnovska
Yann Drossart
Armelle Du Repaire
Benoît Dubesset
Maxime Ducastel-Adam
Soazig Durand
Timothée Falzon
Pierre-Bernard Faure
Marc Febvay
Nelly Fessenmeyer

Bertrand Feuille
Pascal Fontaine
Sébastien Freitas
Guillaume Gabriel
Alain Gallissian
Andreas Garscha
Dominique Gautier
Laurent Gelifier
Jean-Pierre Genevois
Guillaume Genevrier
Isabelle Gervais
Sabrina Ghigonetto
Édith Giraud
Rachel Gisbert
Bernard Goin
Eloïsa Granata-Iadarola
François Grimal
Ézéchiel Gruzelle
Florian Guidetti
Marielle Guinand
Karola Haeffner
Martyne Husken
Annabelle Iszatt
Nicole Jacquet
Isabel Jammers
Éric Jan
Sylvie Jarrier
Thomas Jennequin
Laeticia Jourdan
Mikko Karhu
Jerzy Kasprowicz
Ulrich Kather
Isabelle Lafuma
Marco Lammers
François Langlais
Laure Lavy
Bertrand Le Boudec
Thomas Lebouteiller
Brigitte Leitenberger
Pierric Lelard
Denis Leouzon

Gaël Lhenry
Tiphaine Lhomme
Marie-Françoise Ligoure
Florence Lipsky
Sandrine Livet
Francisco Javier Lopez
Martine Lopez
Isabelle Maisonneuve
Bernard Mallone
Agnès Mangani
Danielle Mantelin
Camille Marchal
Cécile Marcon
Nicolas Marques
Fabienne Maze
Simone Medio
Sandra Meffre
Estelle Meiller
Rabiaa Mejdi
Pascal Michalon
Carine Midoun
Angel-Luis Molina
Amandine Monneret
Hervé Monney
Serge Monnot
Cédric Morel
Pierre Yehudi Morgana
Nobouko Nansenet
Emma Nsugbe
Jérôme Nussle
Philippe Ouali
Christèle Pappalardo
Julien Passerieux
Maud Paulin
François-Gabriel
    Perraudin
Jean-Manuel Perraudin
Isabelle Perret
Jean-François Perretant
Alexander Phung
Yann Piazza

Cécile Pin
Gilles Piscaglia
Alexandre Piton
Jean-Marc Pivot
Jean Planes
Patrick Pognant
Priscilla Polienor
Élisabeth Polzella
Nathalie Portal
Xavier Porte
Géraldine Prompt
Anne-Marie Prudent
Jean-Marie Puig
Gabriel Quentin
Ghislaine Quesnel
Laurence Ravoux
Jérôme Revel
Stephan Revol
Arun Rewal
Alexandre Ricoul
Géraldine Risterucci
Bruno Rocher
Pascal Rollet
Marie Romeas
Béatrice Ronziere
Magali Saba
Samia Sadaoui
Clelia Saintigny
Renato Saleri
Laure Salmon
Kazuho Sanada
Sarah Saunier
Olivier Schertenleib
Jean-Christophe
    Scholive
Arno Schone
Ulrike Schuppel
Shaun Shih
Carla Silva Otero
Marine Simoes
Magali Simonin

Fanny Smis
Arnold Sontag
Paule Soubeyrand
Émilie Spitz
Ludovic Tallon
Richard Teissier
Kevin Theraud
Vincent Tobler
Jérôme Touchat
Antoine Trollat
Marguerite Valverde
Catherine Vardanego
Alain Vautier
Pierre Verbeke
Claude Veyret
Christine Viana
Damien Vielfaure
Pauline Vienne
Pierre-Yves Villette
Raphaël Villiermet
Stéphanie Vilotitch
Éric Viprey
Léa Viricel
Patrick Virly
Jean-Christophe Virot
Anne-Marie Vocino
Eugénie Volland
Christophe Wilke
Amata Zdziobeck
Faouzi Zouaoui

Nous avons fait tout notre possible pour retrouver
l'ensemble des collaborateurs de l'agence. Que
les absents nous excusent et soient ici remerciés.

Conception éditoriale
et graphique :
Huz & Bosshard

Textes :
Valéry Didelon
Yann Nussaume

Recherche bibliographique
(Y. Nussaume) :
Aliki-Myrto Perysinaki

Typographies :
Apercu, Colophon
Tristram, Nonpareille

Papiers :
Elefantenhaut Buff 190 g
Freelife Cento 100 g

Photographies :
Damien Aspe
→ 75-81, X
Stéphane Couturier
→ 15, 16, 20, I
Serge Demailly
→ 24, 27, 31, 41-53, 82-85,
92-103, 120, 121, V, VI, XI
HG Esch
→ 23
Georges Fessy
→ 19, 20, 61, 65, 67-69, 115,
II, IX, X
Olivier Huz
→ carnets
Gilles Perraudin
→ 12, 23, 31, 91, 123, 125,
I, V, XI
Georges Poncet
→ 16, I
Christian Richters
→ 23, V
Studio Erick Saillet
→ 62, 63, 66, 112

Les autres vues et dessins sont
des documents de l'agence.

Collection Architecture
Les presses du réel
Directeur : Xavier Douroux
Éditeur : Olivier Vadrot

ISBN 978-2-84066-416-1

Achevé d'imprimer en Belgique
sur les presses de Cassochrome
en mai 2012

Distribution France, Belgique,
Luxembourg, Suisse
Les presses du réel
35 rue Colson, FR - 21000 Dijon
www.lespressesdureel.com
info@lespressesdureel.com

Distribution international
Idea Books
Nieuwe Herengracht 11
NL - 1011 RK Amsterdam
www.ideabooks.nl
idea@ideabooks.nl

# REPÈRES

## 1980-2012

1979-80    Maison bioclimatique, Ceyzérieu, Ain
→ 11

1980-82    Maison individuelle, Saint-Péray, Ardèche
→ 12

1981-85    Maisons en terre, Isle-d'Abeau, Isère
→ 15

1981-85    École de la Lanterne, Cergy-Pontoise, Val-d'Oise
→ 16

1982-87    École d'architecture de Lyon, Vaulx-en-Velin, Rhône
→ 19

1987       Mémorial, structure éphémère, Lyon, Rhône

1987-89    Maison individuelle à Vaise, Lyon, Rhône
→ 20

## MAISON BIOCLIMATIQUE [1]
### CEYZÉRIEU, AIN

Maison familiale de 3 chambres

études . . . 1979-80 (esquisse)
shon. . . . . 40 à 260 m²
moa . . . . . privé
coût . . . . . n.c.

**composition** cœur béton;
murs blocs de béton
préfabriqués; enveloppe
structure bois; pergola
et toiture acier

**gestion** grande inertie
des matériaux; ventilation
naturelle; panneaux
photovoltaïques; espaces
microclimatiques

Ce projet rassemble, dans une première synthèse architecturale, les grandes thématiques environnementales développées par l'agence:
· La maison dans la maison ou le principe d'enveloppe
  microclimatique;
· L'emploi de matériaux indigènes adaptés aux fonctions
  climatiques: lourd/léger, inertie/ventilation;
· La composition géométrique et harmonieuse des éléments
  d'architecture;
· Le continuum spatial de l'intérieur (lourd/clos/ombre)
  vers l'extérieur (léger/ouvert/lumière);
· Les solutions techniques et procédés constructifs inspirés
  des savoir-faire, matériaux traditionnels et vernaculaires.
Ce projet, reconnu par la commission européenne pour
sa démarche innovante, fut qualifié alors "d'architecture
vernaculaire d'avant-garde" qui reste toujours le qualificatif
des projets de l'agence.

## MAISON INDIVIDUELLE [1]
### SAINT-PÉRAY, ARDÈCHE

Maison pour un couple: séjour, cuisine, 2 chambres

études . . . 1980
livraison . . 1982
shon. . . . . 90 m²
moa . . . . . privé
coût . . . . . 35 000 €

**composition** soubassement,
murs et refends briques
de terre cuite Monomur
épaisseur 40 cm; plancher
béton; menuiseries acier;
toiture béton

**gestion** inertie terre cuite;
isolation brique Monomur;
ventilation naturelle

Cette maison est située dans un petit vallon de l'Ardèche,
loin de tout groupement d'habitations.
La grande simplicité du volume (double cube), sa compacité,
les matériaux bruts, contribuent à établir un rapport franc
avec la nature sauvage environnante. Le budget très limité
a induit des choix techniques qui refusent le compromis
avec une architecture pseudo-vernaculaire.
Un mur épais constitué des espaces "techniques" de la
maison, forme protection contre l'environnement d'ouest.
Il contient la cheminée, l'espace habitable, un puits de
lumière et le lieu de conversation d'hiver.
La construction est en briques Monomur sans "enduit",
ni intérieur, ni extérieur. Elle illustre comment la prise
en compte des données environnementales engendre
une "pièce" originale d'architecture vernaculaire
contemporaine.

## MAISONS EN TERRE [1]
### ISLE-D'ABEAU, ISÈRE

4 logements sociaux (2 maisons de 4 pièces et 2 de 5 pièces,
mitoyennes par 2): séjour, cuisine, chambres, garages

études . . . 1981-83
livraison . . 1985
shon. . . . . 400 m²
moa . . . . . OPAC de l'Isère
coût . . . . . 230 000 €

**composition** soubassement
béton; murs et refends
pisé; plancher bois pin;
charpente métallique;
toiture polycarbonate

**gestion** forte inertie du pisé;
toiture serre (récupération
de l'énergie solaire pour le
chauffage)

Les quatre maisons réalisées, dont le financement est celui
du logement social, sont situées près de Lyon dans la ville
nouvelle de l'Isle-d'Abeau. Le but de cette opération est la
réhabilitation de la construction en pisé, traditionnellement
courante dans la région lyonnaise, par une utilisation dans
une architecture contemporaine.
S'agissant de mettre en œuvre un matériau oublié, la terre,
le parti sur la forme générale de la maison reste simple:
un rectangle allongé et compact où les espaces sont distribués de part et d'autre d'un escalier central. S'inspirant
des maisons traditionnelles, les espaces d'habitation
se prolongent sur l'extérieur par l'intermédiaire d'espaces
"saisonniers" (véranda, terrasse, balcon) qui, protégés par
des treilles ou des murs écrans, forment de véritables
espaces habitables quand les conditions climatiques sont
favorables.
La spécificité du pisé fut une contrainte déterminante pour
le projet: résistance au travail en compression uniquement,
protection permanente contre ruissellement et infiltration,
mise en œuvre au printemps et en été seulement. Si la technique du pisé est traditionnelle, les autres détails ont dû être
réétudiés en utilisant des matériaux contemporains.

## ÉCOLE DE LA LANTERNE [1]
### CERGY-PONTOISE, VAL-D'OISE

Écoles maternelle et primaire économes en énergie,
logements de fonction

études . . . 1981-83
livraison . . 1985
shon. . . . . 3 500 m²
moa . . . . . Syndicat communautaire d'aménagement
              de Cergy-Pontoise
coût . . . . . 2 285 000 €

**composition** murs béton
laissé brut, briques; façades
et menuiseries panneaux
bois red cedar

**gestion** espaces
microclimatiques

Face au problème des économies d'énergie, l'école veut
apporter avant tout une réponse architecturale, fondée
sur les principes d'organisation des masses bâties et des
espaces, et non pas une réponse technique ou technologique sophistiquée. De la même façon, la réponse au programme n'est pas conçue comme une adéquation immédiate
à des techniques pédagogiques (éphémères) mais comme
la recherche de la constitution des lieux de l'Étude.
Ainsi l'école est conçue de manière rigoureuse, sans infantilisme ni concession à l'anecdotique, et dans le souci de
la plus grande performance tant technique ou fonctionnelle
qu'architecturale.
Les deux accès imposés (piéton au nord par la placette et
le mail, véhicule au sud par l'avenue du Jour) définissent le
parti général d'implantation sur le terrain. Au nord, la succession des classes maternelles et primaires, puis le restaurant et enfin les logements au sud, composent un bâtiment
linéaire qui divise le terrain en deux secteurs: à l'est la cour
maternelle et le terrain de sport, à l'ouest la cour primaire.
L'édifice établit une relation claire entre structure porteuse
et structure de remplissage. Chaque fonction est satisfaite
par un matériau différent. La structure porteuse est
constituée d'éléments en béton brut de décoffrage, les remplissages de panneaux de red cedar sans aucun traitement
fongicide ni lasure. Deux portiques en béton de 16 mètres
de portées franchissent un groupe de deux classes et une
rentrée. Sous ces portiques la "peau" en bois, formée de
panneaux préfabriqués de 1,20 mètre délimite les classes.

## ÉCOLE D'ARCHITECTURE DE LYON [1]
### VAULX-EN-VELIN, RHÔNE

Salles de cours, ateliers, administration, bibliothèque,
cafétéria, logement de fonction

études . . . 1982-84
livraison . . 1987
shon. . . . . 8 500 m²
moa . . . . . Direction de l'architecture
coût . . . . . 5 350 000 €

**composition** structure en
béton armé coulé en place,
préfabrication foraine,
bois lamellé collé et acier;
toiture bois; double façades
VEC; verrière verre boulonné

**gestion** forte inertie
des matériaux; espaces
microclimatiques;
ventilation naturelle

Le bâtiment de l'école d'architecture de Lyon s'organise
le long d'une rue intérieure protégée par une verrière,
aboutissant sur le hall semi-circulaire de l'administration
et traversée par des passerelles reliant à l'étage les ateliers
dont la charpente articulée et la double façade assurent
la transparence. Au rez-de-chaussée, les volumes voûtés
des salles de cours s'opposent à la légèreté des ateliers,
témoignant de la nécessaire contradiction entre l'apprentissage théorique et l'autonomie de la création.
"En ces temps où l'architecture semble délibérément
régresser dans des formes superficielles et dans un pastiche
des références historiques, l'école de Lyon fait figure de
réaffirmation d'une tradition de raison, d'ordre et de l'art
de bâtir — tradition malheureusement menacée."
Norman Foster, in *AMC* N° 19, février 1988, p.64-65.

## MÉMORIAL, STRUCTURE ÉPHÉMÈRE [1]
### LYON, RHÔNE

Mémorial aux enfants juifs déportés érigé
à l'occasion du procès de Klaus Barbie

études . . . 1987
livraison . . 1987
shon. . . . . 400 m²
moa . . . . . privé
coût . . . . . 230 000 €

**composition** ossature métallique; toile blanche tendue;
béton cellulaire; bassin

Construit sur la place des Terreaux, à Lyon, à l'occasion
du procès de Klaus Barbie, ce bâtiment éphémère fut
imaginé en une nuit, étudié en trois semaines, édifié
en 48 heures et démonté deux mois et demi plus tard.
Il abritait une exposition de photographies et de dessins
d'enfants déportés dans les camps de concentration,
ainsi qu'une salle de recueillement où étaient inscrits
les noms des camps et le nombre de victimes.
"Il fallait le moins d'images possible, le moins d'histoire
possible, le moins de mots possible, seulement ce grand
miroir horizontal et pouvoir d'un seul geste baisser la tête
vers le ciel." Alain Fraggi.

## MAISON INDIVIDUELLE À VAISE [1]
### LYON, RHÔNE

Maison individuelle pour une famille avec 4 enfants : cuisine, séjour, 5 chambres, 2 salles de bain

études . . . 1987-88
livraison . . 1989
shon . . . . . 240 m²
moa . . . . . privé
coût . . . . . 230 000 €

**composition** murs ossature métallique et contreplaqué ; plafond et sol contreplaqué pin des Landes ; toiture ossature métallique, tôle PVC et PTFE

**gestion** ventilation naturelle
**autoconstruction** en partie

Cette maison, destinée à une famille avec quatre enfants, a été imaginée pour évoluer dans son organisation comme dans sa surface pour répondre à la variation des besoins familiaux. Elle est sertie dans l'ancien verger d'une cure, jardin clos de hauts murs. Afin de ne pas endommager la végétation existante, la maison est fondée sur un minimum de points porteurs, "flottant" au-dessus du sol.
Le jeu des ouvertures/fermetures des panneaux de façade, complété des stores de contrôle lumineux et du cycle de la végétation intérieure et extérieure créent une maison qui "respire" avec les variations climatiques.
L'habitat proprement dit est en fait une boîte en bois : deux faces en contreplaqué, utilisé généralement pour fabriquer des caisses d'emballage, sur raidisseurs bois prenant en sandwich un isolant thermique. Le même matériau est utilisé pour les planchers, plafonds et cloisons.
Les façades est, ouest et nord sont totalement opaques, la façade sud est entièrement vitrée. Cette dernière est constituée de panneaux coulissants et amovibles avec simple vitrage mettant en continuité physique et visuelle l'ensemble de l'habitation avec le jardin au sud. Cette continuité est renforcée par le prolongement extérieur de larges terrasses abritées par la toiture et qui sont de véritables séjours ou salles de jeu extérieurs.
L'ensemble de la structure principale est métallique. Entièrement préfabriquée, elle fut montée en quelques jours. La toiture, véritable canopée artificielle prolongeant le feuillage des platanes voisins, fut tendue en une seule journée, procurant ainsi un abri efficace pour le reste du chantier.

## LOGEMENTS SOCIAUX À LA CROIX-ROUSSE [1]
### LYON, RHÔNE

37 logements PLA et parkings, 25 duplex dont 5 ateliers d'artistes et 12 simplex handicapables

études . . . 1990-91
livraison . . 1992
shon . . . . . 3 867 m²
moa . . . . . Office public communautaire de Lyon
coût . . . . . 1 830 000 €

**composition** murs de refend béton armé ; façade sud panneaux préfabriqués en béton et pierre ; menuiseries bois ; volets coulissants bois

**gestion** ventilation traversante ; fenêtres double hauteur plein sud et volets

La façade sur rue, dans la continuité du gabarit urbain, aligne systématiquement 30 baies identiques de 3 × 4,40 mètres. Ces fenêtres en bois, protégées de volets coulissants équipés de jalousies orientables, éclairent un séjour sur double hauteur.
Cette façade sud est réalisée par assemblage de panneaux préfabriqués en béton poli et sablé. L'alternance de couleurs ocre et grise rappelle celle de la pierre dorée et du calcaire des monts du Lyonnais qui dominent dans les constructions de la Croix-Rousse.
L'opposition entre la façade sud (grands vitrages, volets bois réglables) et la façade nord (petites ouvertures protégées par une seconde peau "brise vent"), correspond parfaitement à la rigueur du climat lyonnais, aux étés chauds et aux hivers froids. Ainsi, les logements, tous traversants, profitent l'été d'une large ventilation naturelle derrière des volets de protection et, l'hiver, le soleil pénètre profondément au cœur du logement.

## ACADÉMIE DE FORMATION [2]
### HERNE, ALLEMAGNE

Bureaux municipaux, salles de réunion, administration, chambres d'hébergement temporaire, restaurant, hall de sport, salles polyvalentes, bibliothèque, bâtiments HQE

études . . . 1992-99
livraison . . 1999
shon . . . . . 13 000 m²
extérieur . 8 000 m²
moa . . . . . Mairie de Herne
coût . . . . . 42 700 000 €

**composition** bâtiment enveloppe structure bois massif et verre ; bâtiments intérieurs structure béton, façade bois

**gestion** cellules photovoltaïques en toiture et façade ; espaces microclimatiques

Le bâtiment est situé dans le parc se trouvant au centre de la commune de Herne-Sodingen, aménagé sur l'ancien carreau de la mine autour duquel s'était développée la ville depuis le début du siècle. Aujourd'hui, alors que les puits sont fermés et les bâtiments de la mine démolis, il faut redonner au secteur sa fonction de centre-ville, de lieu de rencontre.
Le principe est celui d'une "boîte en verre", serre de 13 000 m². À l'intérieur de ce parallélépipède, protégé des intempéries, est créé un microclimat de type méditerranéen, tempéré toute l'année et contrôlé grâce à une large ventilation naturelle, des bassins avec brumisateurs, des voiles d'ombrage, etc.
À l'intérieur de la serre (72 × 168 mètres), se trouvent les bâtiments qui accueillent les divers éléments du programme. Totalement indépendants de la serre qui les abrite, ils sont construits de façon simple, comme des espaces intérieurs, car il n'est pas nécessaire qu'ils soient absolument étanches à l'eau et au vent. Ces réalisations à la construction simplifiée peuvent être modifiées sans difficulté.
L'espace tampon créé par la serre réduit considérablement les déperditions d'énergie. Un "champ solaire" de 10 000 m² de cellules photovoltaïques est destiné à protéger la serre de l'ensoleillement et à éviter les effets de contre-jour. Cette idée originale fait du bâtiment une centrale solaire qui produira un mégawatt en pointe. C'est à ce jour la plus grande centrale solaire au monde.

## CHAI VITICOLE
### VAUVERT, GARD

Chai, cuverie, stockage, locaux de réception, bureau

études . . . 1996
livraison . . 1999
shon . . . . . 900 m²
moa . . . . . privé
coût . . . . . n.c.

**composition** murs en pierre de Vers-Pont-du-Gard ; charpente bois

**gestion** forte inertie de la pierre, ventilation naturelle, toiture plantée
**autoconstruction**

Située dans un climat méditerranéen, une cave exige une grande inertie pour éviter les variations thermiques importantes dommageables pour la conservation du vin. Montée à sec et simplement réglée par calage, la construction s'est déroulée dans des conditions de grande rapidité : un mois seulement pour aller des fondations à la toiture ! Elle fut l'occasion d'expérimenter la validité économique de la réutilisation de la pierre massive comme matériau de construction d'une architecture contemporaine. La pierre utilisée est la "pierre du pont du Gard", celle qui fut utilisée pour construire le célèbre aqueduc, merveilleusement conservé après 2000 ans d'âge ! Utilisant peu de moyens, une grue et deux ouvriers, le montage à sec laisse le site dans un état de grande propreté.
Le bâtiment est compact. Carré de 30 × 30 mètres peu ouvert sur l'extérieur avec un patio intérieur. Les murs sont en pierres massives porteuses de 52 cm d'épaisseur, très "respirantes", qui captent, la nuit, les brises de mer (le site domine la Camargue et est à moins de 15 km de la Méditerranée). L'évaporation diurne rafraîchit le bâtiment en consommant des calories. La toiture lourde est couverte de terre pour faire un bouclier thermique. Enfin, des dispositifs complémentaires (bassin et végétation en projet) utiliseront le vent et le soleil pour "rafraîchir" naturellement le bâtiment.
La construction suit un schéma simple. Une série de travées de 5,20 mètres de large sont couvertes par un réseau de poutres en bois posées sur les murs ou sur des poutres primaires moisées, et porteur d'un platelage bois continu support de l'étanchéité et de la terre.

## COLLÈGE 1100
### VAUVERT, GARD

Salle polyvalente, CDI, salles de cours, administration, restaurant et cuisine complète, section d'éducation spécialisée, bibliothèque, logements de fonction

études . . . 1998-2001
shon . . . . . 10 000 m²
extérieur . 5 000 m²
moa . . . . . Conseil général du Gard
mod . . . . . SEGARD
coût . . . . . 9 200 000 €

**composition** murs pierres massives de 50 cm à 1 mètre d'épaisseur ; plancher acier et béton ; toiture acier et béton ; menuiseries métalliques

Le collège de Vauvert reprend le concept de l'enveloppe microclimatique développé dans de nombreux projets, ici constituée d'une enceinte de pierres massives surmontée d'une toiture lourde percée de larges ouvertures. Ce "clos" majestueux procure ombrage et fraîcheur et crée un microclimat à l'image des grands palais du Sud de l'Europe où les espaces et les cours intérieures s'enchaînent et s'imbriquent pour former un continuum spatial confortable quelles que soient les saisons. À l'intérieur de cette enveloppe microclimatique, les unités fonctionnelles trouvent leur place.
Les conditions climatiques du site de Vauvert sont idéales pour créer une ventilation naturelle. Des cheminées d'extraction sont positionnées sur la face de l'édifice recevant le plus d'énergie : la toiture. L'élévation de la chaleur ajoutée à la force du vent génèrent une dépression suffisante pour ventiler, sans dépense d'énergie, les salles de classe.

1990-92    Logements sociaux à la Croix-Rousse, Lyon, Rhône

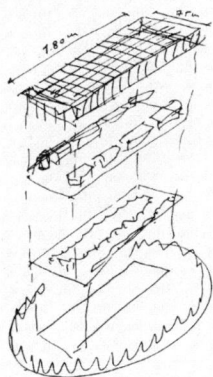

1992-99    Académie de formation, Herne, Allemagne
→ 23

1996-99    Chai viticole, Vauvert, Gard
→ 24, 27

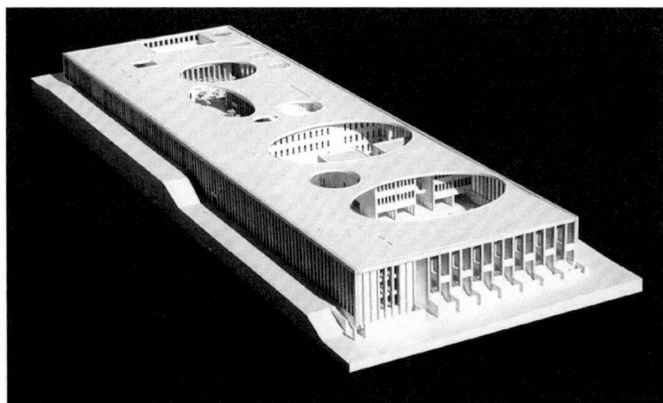

1998-2001  Collège 1100, Vauvert, Gard
→ 28

1999–2001  Centre de formation des apprentis, Marguerittes, Gard
           → 31

2000–01    Chai viticole, Nizas, Hérault

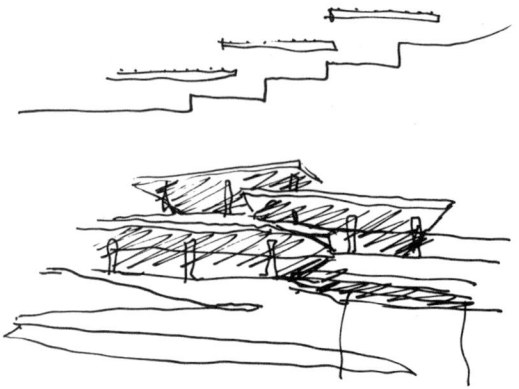

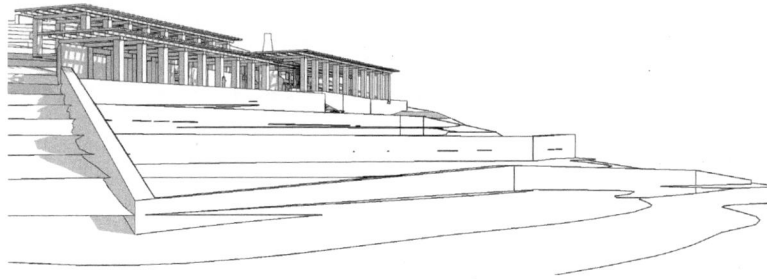

2002       Maison individuelle, Ibiza, Espagne

2002–07    Chai viticole de Solan, La Bastide-d'Engras, Gard
           → 37–53

## CENTRE DE FORMATION DES APPRENTIS [3]
### MARGUERITTES, GARD

Salle polyvalente, CDI, salles de cours, ateliers, administration, cafétéria, restaurant universitaire, salle de lecture et bâtiment de recherche

études ... 1999-2000
livraison .. 2001
shon..... 4 600 m²
extérieur . 3 500 m²
moa ..... Région Languedoc-Roussillon,
              CCI de Nîmes, Bagnols, Uzès
mod ..... SERLR
coût..... 4 000 000 €

**composition** murs pierres massives; charpente métallique; couverture bacs acier et étanchéité PVC; menuiseries acier

Ce projet aborde un des grands thèmes developpé par l'agence depuis longtemps: des éléments diversifiés rassemblés dans un ensemble unitaire et utilisant des matériaux de construction écologiques. Dérivé des recherches sur les enveloppes microclimatiques, cet ensemble unitaire permet d'organiser des espaces intermédiaires protégés. Dans le contexte d'un climat méditerranéen dominé par le mistral, c'est sur l'hypothèse de la fragmentation des espaces extérieurs de distribution que ce projet s'appuie pour créer des microclimats. La puissante inertie de la pierre (l'ensemble de la construction utilise la pierre de Vers-Pont-du-Gard comme murs porteurs massifs de 50 cm d'épaisseur) renforce ce dispositif spatial.
Le site du projet est typique du paysage des garrigues nîmoises. Il s'agit d'une ancienne oliveraie présentant un continuum planté exceptionnel. Afin de préserver cette échelle, les bâtiments sont sur un seul niveau sans dépasser la frondaison des oliviers.
Le résultat est à l'image d'une chartreuse, lieu de vie, d'études et d'échanges. Cette "chartreuse" sera noyée dans la végétation des oliviers qui seront replantés autour et dans le bâtiment (les oliviers existants ont été déplacés avant le chantier, mis en jauge et replantés en fin de construction). La pierre renforce l'impression d'un bâtiment inscrit depuis toujours dans son paysage d'oliviers.

## CHAI VITICOLE
### NIZAS, HÉRAULT

Cuverie, chai de vieillissement, stockage, hangar, bureaux

études ... 2000
livraison .. 2001
shon..... 571 m²
moa ..... privé
coût..... 381 000 €

**composition** murs pierres massives de 65 cm d'épaisseur, joints mortier de chaux; toiture dalles en poutrelles béton et hourdis terre cuite; étanchéité et isolation couverte d'un complexe lourd (pouzzolane et terre végétale)

Le bâtiment, utilisant la déclivité du terrain qui a une pente du nord vers le sud, s'enfonce sur sa partie nord pour bénéficier des qualités d'inertie indispensable à la bonne conservation du vin.
L'édifice, aux formes simples s'impose discrètement dans le paysage. Le rythme des ouvertures, la vibration des lumières, le jeu des matières (pierre, verre et acier) sont pensés dans une recherche d'équilibre subtil et savant. Il oppose un extérieur lisse et éclatant à un intérieur rustique et de pénombre. Le plafond, comme un ciel rougeoyant constellé d'étoiles, flotte sur les murs qui sont comme les parois d'une carrière de pierres. La masse extraordinairement pesante de l'édifice donne une apparence d'intense légèreté et la rugosité s'oppose aux lumières douces et caressantes.

## MAISON INDIVIDUELLE
### IBIZA, ESPAGNE

Maison individuelle de vacances pour une famille, maison des invités

études ... 2002 (esquisse)
shon..... 400 m²
moa ..... privé
coût..... n.c.

**composition** murs maçonnerie de pierre; charpente bois

Située au cœur de l'île d'Ibiza, dans un paysage agricole, la maison s'appuie sur les "restanques" existantes et les ruines d'une maison paysanne. La douceur du climat invite à vivre le plus souvent à l'extérieur.
La maison est conçue comme un ensemble de "pergolas" superposées dans la pente. Sous chacune d'elles, un espace en pierre constitue le lieu de vie hivernal. Puis, par une succession d'enveloppes mobiles, la maison grandit en surface pour occuper la totalité du terrain. Une piscine aménagée dans une restanque achève cette symbiose entre espaces habitables et site naturel.

## CHAI VITICOLE DE SOLAN
### LA BASTIDE-D'ENGRAS, GARD

Cuverie, chai de vieillissement, stockage, atelier de confiture, atelier de travaux collectifs, bureaux, vestiaires, séchoir

études ... 2002-05
livraison .. 2005-07
shon..... 1000 m²
moa ..... Monastère de Solan
coût..... n.c.

**composition** murs pierre de Vers-Pont-du-Gard de 50 cm à 1,2 mètre d'épaisseur; cloisons pierre et bois; charpente pin douglas; menuiseries extérieures et intérieures bois et acier; sol bois et carrelage

**gestion** forte inertie de la pierre; ventilation naturelle; puits canadien **autoconstruction**

Le regard des moniales de Solan va de la terre au ciel. C'est un mouvement vertical qui n'est pas dans l'étendue mais dans la profondeur. La lumière est canalisée dans ce mouvement vertical.
Cette lumière rythme les lieux de vie dans un mouvement vibratoire plus ou moins intense suivant les saisons et en indiquant leurs variations inlassablement identiques: elle règne dans l'étendue.
Ce double mouvement vertical et horizontal de la lumière fonde le sens de cette communauté religieuse: le mouvement vertical va de l'infinie désespérance de la condition humaine vers la générosité de la miséricorde céleste. Sa composante horizontale permet d'embrasser toute l'étendue des destinées humaines qui naissent et disparaissent sans relâche au fil des saisons d'une vie.

## ÉQUIPEMENT CULTUREL [4]
### FONTAINE, ISÈRE

Salle de spectacle à jauge variable, auditorium 120 places, école de musique, cafétéria, espace multimédia, loges, bureaux

études ... 2003-07
livraison .. 2009
shon..... 3 253 m²
moa ..... Mairie de Fontaine
coût..... 6 300 000 €

**composition** soubassement béton brut; murs béton brut et bois; structure bois pour la grande salle; charpente bois; menuiseries extérieures et intérieures bois; revêtement de sol chapes teintées, béton désactivé et pierres; toiture terrasse plantée, zinc; puits de lumière et baies

L'agglomération de Grenoble est à la confluence de deux rivières, le Drac et l'Isère, et à la rencontre de trois massifs montagneux: la Chartreuse, le Vercors et le Belledonne. Vaste plaine alluviale, elle est dominée par la puissante géométrie des massifs montagneux. Le projet, entièrement dédié à la musique, entre en résonance avec ce paysage singulier.
L'édifice abrite un programme complexe réunissant des salles de concert, des studios d'enregistrement et une école de musique. Il prend place le long d'une ligne de tramway qui relie cette banlieue au centre de l'agglomération. Aucune intention d'urbanisme ne définissait des intentions pour ce programme majeur. C'est dans le paysage puissant qui le domine que cet édifice cherche sa légitimité. Seul un petit square boisé, situé au nord, affirme sa présence en relation avec le hall d'entrée.
Un socle minéral constitue l'ensemble du rez-de-chaussée. Il contient la plupart des éléments du programme: studios, école de musique. Ce socle est relié à l'espace urbain dont il en est le prolongement. Ce socle est un bloc massif et compact qui défie les montagnes alentours. À la sobriété minérale du socle s'oppose l'éclat métallique de la salle. Le socle est une construction en béton apparent. La salle est en bois habillé de zinc. Reliant les deux, le vaste hall d'entrée est dominé par des troncs justes écorcés. Cette futaie est un écho aux forêts proches.

## LOGEMENTS À LA DUCHÈRE [4]
### LYON, RHÔNE

29 logements du P1 au P5, simplex et duplex, parkings

études ... 2005 (projet abandonné)
shon..... 2 500 m²
moa ..... Nexity George V
coût..... 3 000 000 €

**composition** soubassement et murs pierres massives; planchers béton; menuiseries extérieures et intérieures bois

**gestion** grande inertie des murs; ventilation naturelle; terrasses tampons

Exploitant les vertus d'une géométrie singulière, le projet répond aux attentes d'un habitat en terrasses où chaque appartement bénéficie d'une double vue et d'un double ensoleillement vers le sud et l'est.
À partir d'un élément unitaire s'établit une combinatoire autorisant une grande diversité de logements dont plus de 50% en duplex. La desserte des logements par coursives extérieures, semblable à celle de l'habitat traditionnel lyonnais, fait de ceux-ci de véritables logements individuels possédant terrasse et jardin.
Entièrement construit en matériaux naturels, pierre et bois massifs, le projet est une architecture de haute qualité environnementale.

## MÉDIATHÈQUE [4]
### OULLINS, RHÔNE

Médiathèque, salles de lecture, salle d'animation, bureaux

études . . . 2006 (concours)
shon. . . . . 2 550 m²
moa . . . . . Ville d'Oullins
coût. . . . . 4 600 000 €

**composition** bâtiment structure bois (murs, planchers et toiture)

---

La médiathèque est un bosquet d'arbres au milieu de la ville. Un lieu d'imaginaire et d'évasion.
C'est une haute futaie aux arbres majestueux qui poussent au milieu des rochers (les locaux techniques) et des fougères (les jardins d'hiver). Quatorze mètres plus haut, la large canopée filtre la lumière en la diffusant à ceux qui sont assis au pied des troncs. La forêt est un lieu enchanteur qui excite l'imaginaire. Lire au milieu des arbres est un moment de bonheur et d'évasion.
La douceur des troncs bruts, simplement écorcés, donne au lieu un sentiment de paix. La douce lumière qui rayonne de toutes parts nimbe le lecteur.
L'été, la fraîcheur monte doucement du sous-sol pour rafraîchir l'atmosphère. L'hiver, la chaleur du sol invite à s'asseoir "par terre" au pied des arbres.

## LYCÉE AGRICOLE [4]
### BOURGES, CHER

Salles d'enseignement, exploitation agricole, internat, centre de ressource, amphithéâtre, administration, restaurant, gymnase, bâtiment HQE

études . . . 2006 (concours)
shon. . . . . 21 000 m²
moa . . . . . Région Centre
coût. . . . . 30 000 000 €

**composition** bâtiment     **gestion** enveloppe
entièrement en bois          microclimatique
(plancher et toiture) ;
toiture et façade verre

---

Ce projet se base sur deux principes. Le premier est l'organisation de bâtiments autour de cours protégées et le second, une forme architecturale pyramidale. Tous deux s'inspirent de l'architecture traditionnelle locale.
Le premier est le principe de la cour centrale (appelée aussi "aireau" localement) qui met en relation les espaces d'activités entre eux en se protégeant des vents porteurs de pluie. Ainsi les espaces d'enseignement s'organisent-ils autour d'un espace protégé qui met en relation visuelle et physique tous les éléments fonctionnels entre eux : efficacité de l'activité pédagogique et unité de la communauté.
Le deuxième principe est la forme pyramidale qui est celle des corps de bâtiments surmontés de vastes toitures pentues qui abritent les greniers et fenils dans l'architecture rurale traditionnelle locale.
Ces volumes avaient aussi pour rôle de protéger les espaces habitables en formant des espaces climatiques tampons. En prolongeant ces toitures jusqu'au sol, on constitue une superbe enveloppe protectrice. L'architecture traditionnelle est riche de ces bâtiments majestueux comme le sont les granges pyramidales.
C'est à partir de cette inspiration que nous proposons le principe d'une construction à double enveloppe.
Mais la particularité de notre proposition, c'est de produire une double enveloppe dilatée, un espace climatique tampon, quasiment "habitable". Grâce aux techniques et matériaux contemporains, nous faisons de ce modèle traditionnel une construction aux performances environnementales élevées.

## MAISON ET GALERIE D'ART [4]
### LYON, RHÔNE

Maison d'habitation, galerie d'art et couloir de nage

études . . . 2006-08
livraison . . 2010
shon. . . . . 250 m²
extérieur . 100 m²
moa . . . . . privé
coût. . . . . n.c.

**composition** murs pierre      **gestion** grande inertie des
de Beaulieu ; menuiseries       murs ; ventilation naturelle ;
extérieures acier laqué ;        plancher chauffant et chau-
menuiseries intérieures bois     dière gaz à condensation
massif et panneaux de 3 plis
sapin ; sol chape béton ciré
et parquet chêne ; pergola
bois ; toiture végétalisée

---

Cette maison individuelle est au cœur de la Croix-Rousse, l'un des quartiers les plus denses d'Europe. Ce quartier abritait les logements-ateliers des canuts, tisseurs de soie du XIXe siècle.
Située dans une cour d'immeuble à l'arrière de la galerie d'art des propriétaires, cette construction est contrainte par des réglementations complexes. Ainsi, l'enveloppe de la maison suit très exactement le volume maximum autorisé. À l'intérieur de cette enveloppe rigide, les espaces habitables s'enchaînent dans un parcours libre. Contraste affirmé de masse et de vide, de lumière et d'ombre, de pincement et de dilatation, l'ensemble oppose un espace ludique et libéré face à un monde contraint par la réglementation. Géographie physique plus qu'architecture, les blocs construits qui abritent des fonctions d'usage s'agencent selon un parcours reliant les espaces de vie les uns aux autres. Failles, échappées, plongées, trouées, constituent le vocabulaire "paysagiste" de la maison. Creusés pour abriter les fonctions d'usage, ces "blocs servants" définissent, par contraste, le vide des espaces de vie qui s'orientent vers le petit jardin qu'ils entourent. La fraîcheur de l'eau d'un bassin complète cette "géographie architecturale".
Chaque "bloc servant" est en pierre massive et porte les planchers. Découpées pièce par pièce suivant un calepinage précis, les pierres, montées à sec et avec une grande rapidité, viennent s'imbriquer pour former des blocs à la géométrie complexe.

## LOGEMENTS SOCIAUX [4]
### CORNEBARRIEU, HAUTE-GARONNE

20 logements collectifs du T2 au T5, garages

études . . . 2006-09
livraison . . 2011
shon. . . . . 1 918 m²
moa . . . . . Promologis
coût. . . . . 2 000 000 €

**composition** murs pierre de   **gestion** ventilation naturelle ;
Beaulieu ; cloisons Placopan ;   isolation laine de chanvre
charpente bois et cellules       10 cm ; rétention des eaux
photovoltaïques sur garages ;    pluviales en surface (toiture
menuiseries extérieures          et jardin)
mélèze ; fenêtres et volets
pin d'Oregon ; menuiseries
intérieures bois ; carrelage ;
toiture végétalisée

---

L'espace habité vient se lover entre deux murs. Ils sont épais, massifs : ils assurent la protection, apportent l'inertie et offrent un aspect incomparable de matériau naturel sans aucun traitement ni enduit : la pierre est la matière première. Tous les logements sont traversants. Cette disposition garantit, outre une qualité visuelle, une qualité thermique, par la simple maîtrise de la ventilation du logement. L'orientation nord-nord-est/sud-sud-ouest correspond à l'axe héliothermique (autant d'ensoleillement sur chaque façade).
Les cuisines et séjours sont disposés au sud, côté jardin, ruisseau et avec, en vue lointaine, le parc.
Des cheminements piéton permettent de rejoindre la zone de stationnement et les garages aux trois halls d'entrée. Ces cheminements sont agrémentés de végétation.
Les chambres sont disposées au nord, coté calme, bénéficiant de la vue vers le chemin creux de Talabot et vers les zones inconstructibles de l'ouest, en bordure de forêt.

## ARCHIVES DÉPARTEMENTALES [5]
### LYON, RHÔNE

Locaux d'archives, salles de consultation, salles de conférence, bibliothèque, salle de tri, pré-inventaire, bureaux, logements de fonction

études . . . 2007 (concours)
shon. . . . . 18 000 m²
moa . . . . . Département du Rhône
coût. . . . . n.c.

**composition** murs béton,      **gestion** puits canadiens,
bois local                       cellules photovoltaïques

---

Le bâtiment des archives exprime une dualité. Celle-ci est inscrite autant dans son fonctionnement que dans sa situation urbaine. La parcelle d'implantation est prise entre une avenue urbaine (future) et le trafic des voies ferroviaires. L'orientation est opposée : l'est bénéficie du soleil matinal et l'ouest de l'intensité du rayonnement solaire. Les vues sont rapprochées à l'est vers le parc, et portent loin sur Lyon et ses collines à l'ouest. À l'est, le parc offre une image de quiétude qui s'oppose au mouvement et aux bruits de l'ouest. Le programme des archives est constitué de deux parties complémentaires : les lieux de consultation et de recherche, et les espaces de conservation et de traitement des documents. La consultation nécessite de la lumière, la conservation une atmosphère de quiétude et de protection aux variations climatiques, le projet tire parti de ces deux oppositions.

## HEADQUARTERS MASDAR [5]
### ABOU DABI, ÉMIRATS ARABES UNIS

Bureaux, hall d'accueil, salle de conférence, salle de conseil, logements

études . . . 2007 (concours)
shon. . . . . 90 000 m²
moa . . . . . Abu Dhabi Future
                Energy Company
coût. . . . . n.c.

**composition** pierres mas-      **gestion** forte inertie ;
sives et structure métal          ventilation naturelle ;
                                  géothermie saisonnière ;
                                  captation des énergies
                                  renouvelables

---

Bureaux du Q.G. de la ville de Masdar à Abou Dabi, cet ensemble complexe de bureaux, logements et salles de séminaire déploie tous les dispositifs naturels pour maintenir des conditions d'habitabilité dans un climat quasi-invivable. Chaleur torride, humidité proche des 100 % rendent les solutions de climatisation artificielle dispendieuse.
Le projet propose d'utiliser la pierre massive comme matériau de construction. Un dispositif de double cheminée, solaire et à vent, qui capte les énergies renouvelables, est suffisamment performant pour atteindre un confort naturel.

2003–09    Équipement culturel, Fontaine, Isère

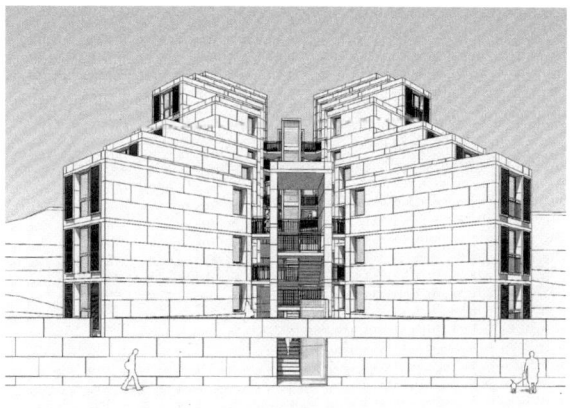

2005    Logements à la Duchère, Lyon, Rhône

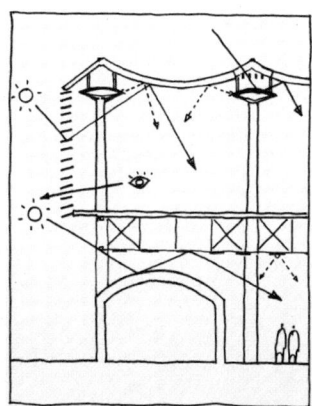

2006    Médiathèque, Oullins, Rhône

2006        Lycée agricole, Bourges, Cher

2006-10     Maison et galerie d'art, Lyon, Rhône
            → 55–69

2006-11     Logements sociaux, Cornebarrieu, Haute-Garonne
            → 71–85

2007        Archives départementales, Lyon, Rhône

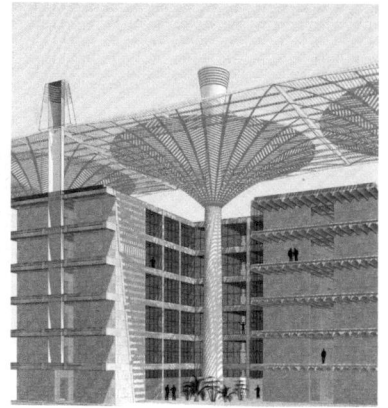

2007     Headquarters Masdar, Abou Dabi, Émirats Arabes Unis

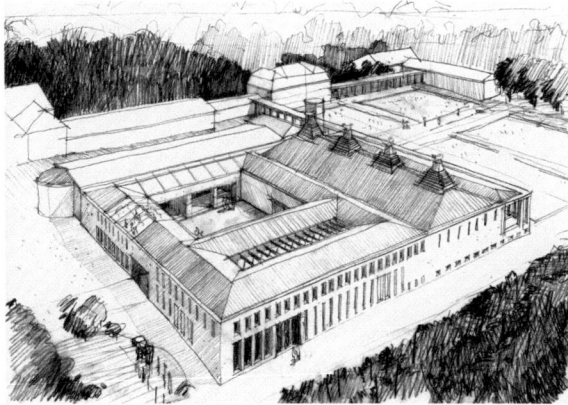

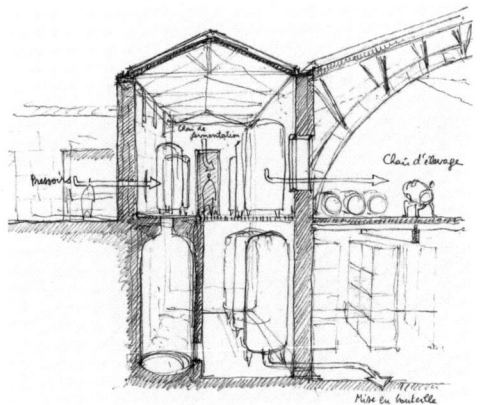

2008     Chai viticole château Guiraud, Sauternes, Gironde

2008-11   Musée des vins et jardin ampélographique, Patrimonio, Haute-Corse
          → 87-103

2009     House of arts, Beyrouth, Liban

2009      Centre culturel et de séminaire, Calvi, Haute-Corse

2010      Centre de formation aux métiers du développement durable, Chwiter, Maroc

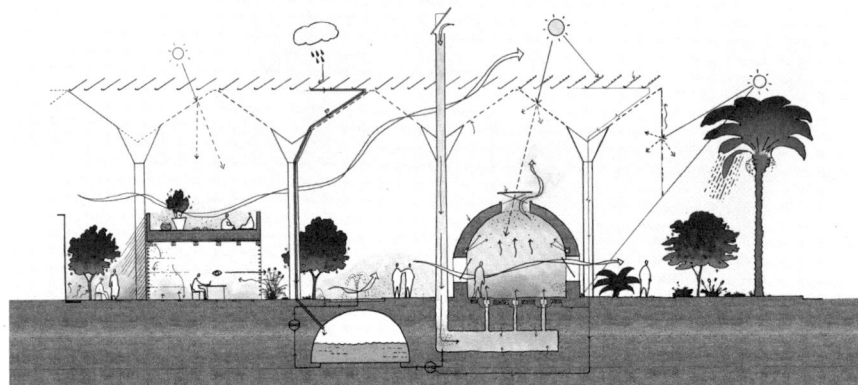

en cours    Maison du conseil général, Voiron, Isère
            → 32

## CHAI VITICOLE CHÂTEAU GUIRAUD [4]
### SAUTERNES, GIRONDE

Chai de vieillissement, chai d'élevage, cuverie, locaux
d'exploitation, salle de dégustation, bureaux

études . . . 2008 (concours)
shon . . . . . 5 200 m²
moa . . . . . privé
coût . . . . . n.c.

**composition** murs pierres
massives; charpente bois;
couverture ardoise

**gestion** grande inertie de la
pierre; ventilation naturelle

"Quatre lions d'or oscillent en parfaite harmonie dans
le souffle d'une brise océane. De leur mouvement harmo-
nieux, dépend la maturité du vin confiné sous leur
bonne garde. Quatre lions d'or veillent sur l'or de la terre
de Guiraud : le vin de Sauternes."
Dans son écriture à la fois contemporaine et intemporelle, le projet fait référence aux plus grands monuments
de l'architecture classique tout en étant d'une écriture
minimaliste actuelle, à l'image du vin de Château Guiraud,
fruit d'un savoir-faire ancestral mais également ancré dans
les problématiques contemporaines de préservation de
l'environnement.
L'idée qui sous-tend le dessin du projet est de ne pas
imposer de geste architectural à l'architecture, mais de
laisser apparaître les conditions de sa réalisation dans
sa plus simple expression.

## MUSÉE DES VINS ET JARDIN AMPÉLOGRAPHIQUE [4]
### PATRIMONIO, HAUTE-CORSE

Accueil, administration, vinothèque, espace terroir,
gustarium, salle de réunion, jardin ampélographique

études . . . 2008-10
livraison . . 2011
shon . . . . . 400 m²
extérieur . 700 m²
moa . . . . . Commune de Patrimonio
coût . . . . . 1 000 000 €

**composition** soubasse-
ment béton cyclopéen;
murs pierres massives
60 cm d'épaisseur; cloisons
pierres massives 30 cm
d'épaisseur; charpente pin
laricciu massif; menuiseries
extérieures acier; menui-
series intérieures châtaignier
massif et brut; sol béton
teinté ciré; pergola pin
maritime massif et brut;
toiture isolation en laine
de bois et végétalisation

**gestion** grande inertie
des murs et de la toiture;
ventilation naturelle et
traversante; rafraîchisse-
ment adiabatique vignes
et bassins; protection
solaire pergolas et vignes

Le terrain, situé le long de la route départementale qui va
de Bastia à Saint-Florent, constitue le départ d'un nouveau
développement de la commune vers l'ouest.
La maison des vins est constituée de constructions indé-
pendantes abritant chacune une fonction principale et ses
annexes. Les bâtiments sont disposés en "grappes" au milieu
des arbres comme des pavillons dans un parc. Chaque bâtiment respecte la pente du terrain et la disposition générale
crée un parcours étagé.
Les "pavillons" ont une base carrée d'environ 10 × 10 mètres.
Les soubassements qui s'appuient sur le terrain sont en
béton "cyclopéen". Chaque pavillon est ceint de murs en
pierres massives blanches de 60 cm d'épaisseur qui restent
brutes de sciage. Les pierres calcaires proviennent pour la
moitié de Corse et pour l'autre du Lubéron. Des poutres de
pin laricciu (essence locale) supportent une toiture plantée.
Les divisions intérieures sont en pierres massives, les
menuiseries extérieures en acier, et les portes intérieures et
extérieures en châtaignier. Les sols sont en béton ciré teinté.

## HOUSE OF ARTS [4]
### BEYROUTH, LIBAN

Salles de spectacle, ateliers d'art, bureaux,
espaces de travail artistique

études . . . 2009 (concours)
shon . . . . . 15 000 m²
moa . . . . . Ministère de la Culture
coût . . . . . n.c.

La maison des arts et de la culture est un édifice composé
de deux éléments. Deux masses blanches et mystérieuses
sont posées sur un socle percé d'un patio en son centre.
Chaque salle de spectacle est dans un volume distinct alors
que le socle contient les ateliers d'art, l'administration et
les divers espaces de travail artistique. Les formes élancées
sont comme de grandes voiles suspendues pour accueillir
et ombrager les visiteurs qu'elles protègent des ardeurs du
soleil méditerranéen. Elles reflètent intensément la lumière
pour éclairer l'ombre qu'elles préservent sous elles. Leur
blancheur évoque la pureté et la douceur.
Ces grands volumes de pure géométrie, sculptures à l'échelle
urbaine, sont un événement plastique spectaculaire qui
abritent les activités de spectacle. C'est le lieu de représentation artistique publique.

## CENTRE CULTUREL ET DE SÉMINAIRE [4]
### CALVI, HAUTE-CORSE

Salle de représentation, de répétition, restauration,
administration

études . . . 2009 (projet arrêté à l'APD)
shon . . . . . 2 300 m²
moa . . . . . Communauté de communes
                de Calvi-Balagne
coût . . . . . 4 700 000 €

**composition** murs pierre
de Beaulieu; menuiseries
extérieures et intérieures
bois; toiture grande salle
cuivre patiné; toiture
bâtiments étanchéité
apparente

**gestion** forte inertie
des matériaux; ventilation
naturelle; puits canadiens

Le soleil, la mer et le vent ont inspiré ce projet. La toiture
en forme de coque (navire, coquillage...) domine l'ensemble
de la construction. Sa forme singulière est un signal fort
à l'entrée de la ville : elle émerge de la pinède dans laquelle
elle se tapit.
Habillée de cuivre oxydé (matière pérenne et recyclable
à la couleur en harmonie avec la végétation), sa structure
est en pin laricciu issu des forêts insulaires. Son soubassement est en blocs préfabriqués de "béton naturel clair"
provenant de carrières corses. Profilée par le vent,
elle est dominée par les tourelles de ventilation naturelle
qui sont une référence discrète aux arts du spectacle
(tente de chapiteau).
C'est une architecture environnementale où l'ensemble
des toitures, en dehors de la salle de spectacle, est couvert
de cellules photovoltaïques. Sa géométrie s'organise pour
préserver les majestueux pins parasols qui créent l'identité
du lieu et en marqueront l'entrée.

## CENTRE DE FORMATION AUX MÉTIERS
### DU DÉVELOPPEMENT DURABLE [4]
### CHWITER, MAROC

Salle de conférence, bibliothèque, bar, restaurant,
administration, salles de cours

études . . . 2010 (concours)
shon . . . . . 4 000 m²
moa . . . . . Fondation Alliances
coût . . . . . n.c.

**composition** bâtiments
d'activité matériaux à
forte inertie, pouvant être
construits différemment
(bois, terre crue, pierre, bois
et terre, terre et paille);
enveloppe bioclimatique
à structure bois

**gestion** matériaux à forte
inertie; ventilation naturelle;
panneaux photovoltaïques

Dans le désert, le palmier est source de vie. Son ombre,
sa fraîcheur, son bois, ses fruits, ses palmes constituent des
ressources pour la vie des hommes et la construction de leur
maison. Nous l'avons pris comme symbole de notre proposition. Une forêt de "palmiers bioclimatiques" procure l'abri
des activités du centre. Ces "palmiers", tout en protégeant,
procurent les ressources énergétiques nécessaires au centre
de formation.
Captant le soleil et le vent, recueillant l'eau, ils permettent
l'autonomie énergétique. Le soleil produit l'électricité nécessaire. Le vent rafraîchit les lieux d'activité. La pluie remplit
les bassins et fait jaillir l'eau rafraîchissante. En diminuant les
écarts de température jour/nuit et hiver/été, ce microclimat
diminue également les besoins énergétiques.
Cette forêt de palmiers est une oasis. Dans le désert, elle
crée un microclimat à l'abri duquel les activités humaines
peuvent trouver des conditions de confort : habiter, cultiver,
se distraire...

## MAISON DU CONSEIL GÉNÉRAL [4]
### VOIRON, ISÈRE

Accueil, bureaux, salle de conférence

études . . . en cours
shon . . . . . 2 500 m²
moa . . . . . Conseil général de l'Isère
coût . . . . . 4 700 000 €

**composition** piliers en pierres massives; structure bois
massif; plancher bois massif contrecollé; noyau béton armé;
menuiseries bois massif; façades rez-de-chaussée panneaux
et persiennes en pierre; façades étages persiennes réglables
bois; charpente bois massif; toiture étanchéité
en membrane; panneaux photovoltaïques

La maison du conseil général du territoire Voironnais-
Chartreuse est la maison des habitants. Elle s'enracine dans
l'identité locale. Elle a, comme les grandes maisons du pays,
une belle stature et une forte présence urbaine.
Les matériaux qui la constituent sont ceux du pays : bois
de Chartreuse et pierre du Dauphiné. La peau de pierre et
de bois filtre et diffuse la lumière pour le confort des usagers.
Derrière cette façade sobre s'organisent de façon rationnelle
les différents espaces de travail et d'accueil. Une trame
permet d'engendrer une modularité garante de l'évolutivité
nécessaire à un tel équipement.
La lumière naturelle est soignée pour chaque espace.
Chaque bureau bénéficie d'un chauffage et d'un raffraîchisse-
ment. La ventilation d'été est renforcée la nuit pour utiliser
l'inertie thermique du noyau béton et des planchers bois.
Les lignes verticales et le rythme horizontal des étages
tissent une modénature fine et subtile, intemporelle, qui
renvoie aussi bien aux tracés régulateurs des constructions
antiques qu'à une ordonnance classique : soubassement,
corps principal, attique.

## CHAI VITICOLE, HÔTEL ET CENTRE DE SÉMINAIRE
## RASOVA, ROUMANIE

Accueil, hôtel, restaurant, bar, salles de séminaire,
bassins, piscine, chai viticole

études . . . en cours
shon . . . . . 12 000 m²
moa . . . . . privé
coût . . . . . n.c.

**composition** murs pierres          **gestion** forte inertie
massives; charpente bois;          des matériaux
toiture végétalisée

Sur le delta du Danube proche de la mer Noire, le terrain
est situé sur des croupes collinaires qui dominent le fleuve.
Le complexe est composé d'une cave, d'un hôtel-restaurant
haut de gamme et de salles de séminaire.
Le bâtiment "principal" du chai viticole se place sur la ligne
de crête, signalant sobrement mais sûrement l'architecture dans le grand paysage. En contrebas, les espaces du
restaurant et des salles de séminaire profitent encore d'une
position dominante sur le paysage en amorçant une typologie
plus proche du sol et du terrain.
Dominant l'ensemble, la partie viticole (cuverie, chai, stock)
s'enfonce dans le sol au niveau du chai. Immense pyramide
creusée dans le sol, le spectacle de centaines de barriques
s'offre aux convives du restaurant.
Depuis la vinothèque située sous le chai, on peut accéder
par un tunnel aux termes semi-enterrés. Le bassin intérieur/
extérieur plonge sur le Danube.
Les "lodges" luxueux se disposent autour de l'axe de symétrie qui suit la pente du terrain et, ensemble, dessinent au sol
une figure anthropomorphique qui rappelle celles du désert
de Nazca au Pérou.

## MAISON DE L'IMAGE
## TOULOUSE, HAUTE-GARONNE

Salle de 300 places, ateliers, expérimentation, exposition,
documentation, cafétéria

études . . . en cours
shon . . . . . 5 000 m²
moa . . . . . Ville de Toulouse
coût . . . . . 9 400 000 €

**gestion** forte inertie des matériaux

Un équipement public comme un lieu à s'approprier et mal-
léable : le projet modèle la topographie des espaces publics
et déroule une scénographie qui articule constamment la vie
du quartier et les événements de la maison de l'image. C'est
aussi un bâtiment-outil enrichi et à enrichir d'expériences
kinesthésiques par et pour les usagers.
Ces grandes lignes se traduisent par le travail autour de quelques ingrédients architecturaux simples comme le prolongement du parvis, le plan incliné, la sobriété des matériaux,
une distribution claire et fluide. À l'extérieur comme à l'intérieur, les surfaces claires des murs forment des supports et
des potentialités créatives. Les rampes prolongeant le parvis
deviennent les gradins des spectateurs.
Les espaces partagés (rue couverte, hall, rampes, terrasses
et parvis) multiplient les possibilités d'appropriation. Les
relations visuelles en plongée, contre-plongée, les espaces
ouverts, dilatés, les possibilités de contrastes, clairs-obscurs
ou lumières douces sont les hypothèses cinématographiées
d'outils pour expérimenter la perception de l'espace
et proposer un "monde imaginaire" et visuel aux usagers.
Toutes ces dispositions architecturales sont autant de pages
blanches ouvertes laissées aux utilisateurs.

## MAISON INDIVIDUELLE
## SAINT-BRÈS, GARD

Maison des parents, maison des enfants, piscine

études . . . en cours
shon . . . . . 380 m²
moa . . . . . privé
coût . . . . . n.c.

**composition** murs pierres          **gestion** forte inertie
massives; charpente bois;          des matériaux; ventilation
menuiseries bois                          naturelle traversante

Destinée à une utilisation majoritairement estivale, la maison
est organisée pour une famille qui souhaite accueillir des amis.
Le terrain, qui domine la vallée de la Sèze, est une ancienne
exploitation agricole. Un aménagement paysager "agricole"
respectera les codes culturaux ancestraux du lieu : oliviers,
figuiers, vignes, amandiers, arrosés par les eaux de pluie et
celle d'un puits.
Pour des raisons règlementaires, la maison reprend la forme
et les dimensions de l'ancienne bâtisse existante. Une exten-
sion est librement articulée sur le corps principal.
Une toiture de tuiles traditionnelles couvre l'espace habitable
en débordant largement vers le nord (espace de stockage)
et le sud (espace d'agrément).
La construction est en pierres massives de Vers-Pont-du-
Gard et son épaisseur réelle ou virtuelle évoque les parois
de la grotte Chauvet toute proche.

1. Françoise-Hélène Jourda architecte associée
2. Françoise-Hélène Jourda, HHS Planer
   et Architekten bda architectes associés
3. Jacques Brion, Christian Piro et François Privat
   architectes associés
4. Élisabeth Polzella architecte associée
5. Élisabeth Polzella et Novæ architectes associés

en cours   Chai viticole, hôtel et centre de séminaire, Rasova, Roumanie

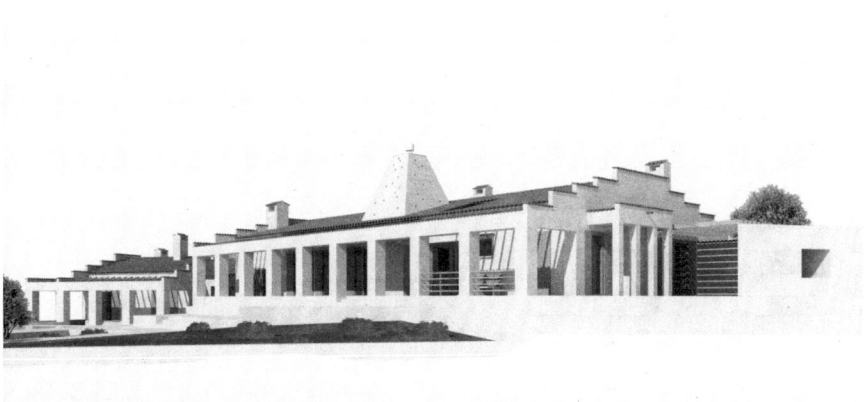

en cours   Maison individuelle, Saint-Brès, Gard

en cours   Maison de l'image, Toulouse, Haute-Garonne